SUSANNE GASCHKE

# Die Emanzipationsfalle

SUSANNE GASCHKE

# Die Emanzipationsfalle

## Erfolgreich, einsam, kinderlos

C. Bertelsmann

1. Auflage

einem Unternehmen der Verlagsgruppe Random House GmbH
Umschlaggestaltung:
R·M·E Roland Eschlbeck/Rosemarie Kreuzer
Satz: Uhl + Massopust, Aalen
Dieses Buch wurde auf holz- und säurefreiem Papier gedruckt,
geliefert von Salzer Papier GmbH, St. Pölten.
Das Papier wurde aus chlorfrei gebleichtem Zellstoff hergestellt
und ist alterungsbeständig.
Druck und Einband: GGP Media GmbH, Pößneck
Printed in Germany
ISBN-10: 3-570-00821-5
ISBN-13: 978-3-570-00821-5

www.bertelsmann-verlag.de

# INHALT

# WIR TÖCHTER DES FEMINISMUS

Wenn ich gezwungen würde, mich auf ein einziges Charakteristikum festzulegen, das typisch für Frauenbücher ist, dann würde ich höflich sagen: Kritik. Eigentlich aber: Klage, Anklage, Beschreibung von Unterdrückung und eigener Hilflosigkeit. Oder Unzufriedenheit, Kummer.

Die wichtigen Autorinnen der so genannten »zweiten« Frauenbewegung der sechziger und siebziger Jahre (die erste hatte seit Mitte des 19. Jahrhunderts vor allem für das Frauenwahlrecht und den Universitätszugang gestritten) beschäftigten sich – von Betty Friedan über Kate Millett bis zu Susan Brownmiller – mit engen, falschen Rollenbildern, mit Gewalt gegen Frauen, mit dem Sexualakt als Form auch der politischen Unterwerfung und mit der Dominanz der »Herrenkultur«.

Je älter diese zweite Frauenbewegung wurde, desto mehr ihrer Anhängerinnen drifteten in eine Sphäre ab, die weit entfernt lag von jeder politischen Einflussnahme – irgendwo zwischen poststrukturalistischer Literaturtheorie und Mondzyklus-Mystizismus. Diesem späten Feminismus ging es um das andere, als das Frauen dem Mann gegenübertraten – oder vielleicht doch nicht? War das Geschlecht nun biologisches Schicksal oder soziales Konstrukt? Und was bedeutete das eine oder das andere für das weibliche Leben?

Dazu gibt es komplizierte, bisweilen kaum zu enträtselnde

Antworten zum Beispiel von Julia Kristeva, Hélène Cixous oder Judith Butler. Deren Texte haben eine ganz eigene sprachliche Schönheit, eine ästhetische Existenzberechtigung – aber zur Lösung der Probleme von Frauen heute trägt diese Form von Wissenschaftslyrik so gut wie gar nichts bei.

Auch die modernen Erzeugnisse des leichteren Frauengenres gehen vom Defizit aus: Frauen sind entweder zu dick *(Moppel-Ich)* oder im Unklaren über ihre Gefühle *(Männer sind anders. Frauen auch)*; entweder geht es mit der Karriere nicht schnell genug *(Das dämliche Geschlecht)*, oder die neuen Freiheiten überfordern sie *(Generation Ally)*.

Das Niveau der »kulturellen Repräsentanz« von Frauen in Romanen und Frauenzeitschriften ist, freundlich ausgedrückt, unterirdisch: Auf die Bewusstseinsindustrie mit der Zielgruppe »Frauen« haben Jahrzehnte des Feminismus, jedenfalls in Deutschland, kaum Wirkung gehabt. Als dominierendes Rollenbild finden wir unverändert das Dummchen, das gern besser aussehen möchte und einen Mann sucht. In angelsächsischen Ländern ist das anders: Dort hat sich, natürlich auch infolge anderer literarischer Traditionen, eine weibliche Literatur entwickelt, die die erwachsene Frau mit allen Herausforderungen des Lebens zum Gegenstand hat. In diesem Buch wird deshalb relativ häufig von angelsächsischer Literatur die Rede sein, weil sie eine echte Alternative zum Frauentrash hiesiger Provenienz darstellt und weil es nicht egal ist, was wir Frauen über uns lesen. Unterhaltung ist, mit Adorno gesprochen, eben immer auch *Untenhaltung*: Kein Funke der Besinnung dürfe in dic Freizeit fallen, schrieb er, weil der sonst auf die Arbeitswelt überspränge und sie in Brand setzen könne. Ähnliches gilt wohl auch für das Geschlechterverhältnis und unser Selbstbild.

Ich sage »wir«, aber im losesten denkbaren Sinne: *Die Emanzipationsfalle* ist kein Generationenbuch wie Katja Kullmanns *Generation Ally* oder Florian Illies' *Generation Golf* – zu groß sind die sozialen und regionalen Unterschiede im Leben der Frauen, um die es mir geht: die Vierzigjährigen und die darunter. Als »Generation« betrachte ich sie – uns – nur insofern, als wir bereits in den Genuss eines emanzipatorisch aufgeklärten Bildungswesens gekommen sind – und wir können uns noch für oder gegen Kinder entscheiden.

Auch ich bin (wie die anderen Frauenbuchautorinnen) nicht frei von einer gewissen Problemorientierung: Ich sehe aber eher ein Problem des *Erfolges* als ein Problem des Defizits. Ich glaube, dass die ursprünglichen Ziele der Frauenbewegung, soweit es nicht um das kulturell vermittelte Rollenbild geht, sondern um rechtliche Gleichstellung, um Bildungschancen für Frauen und um die Einhegung männlicher Gewalt, geradezu unheimlich gründlich durchgesetzt worden sind. Wir haben diesen Erfolg nur niemals wirklich bilanziert und gefeiert, sondern lieber weitergeklagt. Zumindest alle professionell mit Frauenthemen befassten Agentinnen jammern ja immer auch im Dienste der eigenen beruflichen Existenz.

Der wenig anerkannte Erfolg der Frauenbewegung hatte drei Effekte: Zum einen hat sie sich de facto selbst abgeschafft, weil die jungen Frauen unter Bildungs- und Chancengesichtspunkten beim besten Willen nicht mehr erkennen können, wo sie, bitte schön, benachteiligt sein sollen. Sie reagieren geradezu allergisch auf Feminismus, staatliche Frauenförderung und Quoten, weil sie sich nicht länger ein Defizit anhängen lassen wollen. Ein bisschen sicher auch, weil sie in allgemein sehr politikverdrossenen Zeiten aufgewachsen sind und sich nicht vorstellen können, dass politische Programme etwas bewirken.

Zum zweiten sind alle traditionellen Rollenbilder zusammengebrochen: Keine Hausfrau sagt heute noch mit gutem Gewissen, sie sei ebendies: *Hausfrau.* Viele Männer mögen insgeheim überlegen, ob sie, wenn ihnen schon die exklusive Rolle als Ernährer genommen wird, das restliche Familiengedöns eigentlich noch brauchen – das schreiende Kind, die ewig hadernde Gattin. Und die Karrierefrauen? Sie fühlen sich hin- und hergerissen zwischen dem Gefühl, vielleicht die falsche Karriere zu machen, dem Kind/Freund/Haustier zu wenig Zeit zu widmen – oder kein Kind, keinen Freund, kein Haustier zu haben. Diese Art von Rollenverunsicherung trägt zumindest gewisse Züge eines Kollateralschadens: Jetzt wird schmerzhaft sichtbar, dass es den Gegenentwurf zur »Herrenkultur« eben nie wirklich gab. Die alten Rollen zu schleifen war das eine; was an ihre Stelle treten sollte, damit Männer und Frauen in unserer Gesellschaft tatsächlich partnerschaftlich zusammenleben können, hat niemand richtig formulieren können. Und so gehen immer mehr Menschen – teils freiwillig, teils unfreiwillig – ihren Weg allein.

Drittens haben sich die Frauen, ganz wie es im feministischen Lehrbuch steht, die »Kontrolle über die Reproduktionsmittel« angeeignet: Ein Drittel der 1965 Geborenen ist heute kinderlos, und fast zwei Drittel der Akademikerinnen bis fünfunddreißig Jahre haben noch keinen Nachwuchs. Die Zahl der Geburten in Deutschland hat sich in den letzten vierzig Jahren fast halbiert – von knapp 1,4 Millionen 1964 auf siebenhunderttausend im Jahr 2003. Je besser junge Frauen ausgebildet sind, desto mehr konzentrieren sie sich auf ihren beruflichen Werdegang – in der durchaus richtigen Erkenntnis, dass sich für Frauen in den letzten hundert Jahren nahezu alles geändert haben mag, nur nicht das Verhältnis zu Kindern: Frauen bekommen sie, und Frauen behalten sie. Weder Väter noch Arbeitgeber halten Kinder für ihr Problem.

Es ist kaum zu glauben, dass die intensiven Debatten der letzten Jahre über den demografischen Wandel in Deutschland nie ernsthaft die Frauenfrage thematisiert haben, die hinter der Veränderung der Bevölkerungsstruktur steht. Vielleicht denken Demografen dafür zu statistisch. Was wir erleben, kann man ohne Vorbehalt als Gebärstreik bezeichnen, mit einem noch näher zu beziffernden Anteil an männlicher Zeugungsverweigerung. Dieser Streik hat keine Sprecherinnen, keinen Forderungskatalog, kein gemeinsames Ziel und keinen Adressaten – er besteht aus Millionen von Einzelentscheidungen. Aber er ist wirksam, bis hin zur Schließung von Schulen, zur Verödung ganzer Landstriche und Innenstädte, bis zum möglichen Zusammenbruch der umlagefinanzierten Renten-, Pflege- und Krankenversicherung, bis hin zur kinderlosen Greisengesellschaft. Für Frauen hat die wachsende Lebenserwartung bei gleichzeitiger Kinderlosigkeit ironischerweise einen besonders dramatischen Effekt: Ihnen stehen Jahre und Jahrzehnte des Alters bevor, die sie mit hoher Wahrscheinlichkeit allein, ohne den bereits verstorbenen Mann und ohne Nachwuchs und Familie, verbringen werden. Auch für diesen Lebensabschnitt der Frauen fehlt in bemerkenswerter Weise jedes Konzept, jedes Rollenbild. Kann es sein, dass die Feministinnen an alten Frauen ebenso wenig Interesse hatten wie die sexistischen, auf jugendliche Schönheit fixierten Männer? Jedenfalls wird es Zeit, darüber nachzudenken, wie wir altern wollen und ob Kinder in dieser Planung eine Rolle spielen sollen.

Ich bin nicht sicher, ob Frauen sich jemals – wie vielleicht vorübergehend in den siebziger Jahren – wieder so sehr in einem Boot fühlen werden, dass sie aus ihrer Fortpflanzungsmacht gemeinsame politische Schlüsse ziehen. Und eigentlich finde ich auch, dass eine dritte Frauenbewegung eine Bewegung für Frauen sein müsste, mit dem einen großen Ziel, Mutter- und Elternschaft in dieser Gesellschaft attraktiv zu machen, ohne alle Freiheitsgewinne wieder über den Haufen zu werfen. Die rot-grüne Regierung unter Bundeskanzler Gerhard Schröder hat hierzu Schritte unternommen, über deren Erfolgsaussichten man streiten kann. Aber immerhin: Sie hat etwas getan für den Ausbau der Kinderbetreuung, sie warb für eine familienfreundliche Unternehmenskultur. Und die Wirtschaft hat ja auch rein gar nichts gegen gut ausgebildete, flexible Arbeitnehmerinnen einzuwenden. Doch welchen Spielraum der Nichteffizienz räumt sie Familien ein? Schließlich die Männer. Sie bekommen von den Frauen widersprüchliche Signale: Einerseits suchen diese den Erziehungsurlaubs-Papa, anderseits ziehen sie doch immer wieder klassische Machos – älter, besser verdienend – vor. Alle Bildungserfolge der Frauen haben offenbar wenig dazu beigetragen, die wirklich gleichberechtigte Beziehung voranzubringen. Viele Frauen gefallen sich bis heute in der Rolle der Märtyrerin, die sich zu »seinen« Gunsten einschränkt, statt klar zu sagen, was er tun muss, damit beide arbeiten und leben können, auch mit Kindern.

Doch bei aller Kritik an der Widersprüchlichkeit des weiblichen Verhaltens und bei allem Verständnis für die Zumutungen, die heutzutage auch mit der männlichen Rolle verbunden sind: Die Nachwuchsfrage darf, bei Strafe der Selbstabschaffung dieser Gesellschaft, nicht länger so ausschließlich den Frauen zugeschoben werden wie bisher.

# NIE MEHR JAMMERN. ÜBER ERFOLGE UND NEBENWIRKUNGEN DER FRAUENBEWEGUNG

*Der Fortschritt in meiner Familie · Die Erfolge der Frauenbewegung als Konsequenz kapitalistischer Modernisierung · Bildungsgewinne im Drei-Generationen-Überblick: Margaret Drabble · »Hannas Töchter« und die Entwicklung der weiblichen Gefühle · Der neue Zwang zur Sinnstiftung · Ikone Miriam · Warum die Frauenbewegung unterging: Differenzfeminismus · Die schiefe Ebene zum beruflichen Erfolg · Jammern auf hohem Niveau · Offene Fragen*

Meine Großmutter war Ärztin. Sie kam 1910 zur Welt, zwei Jahre nachdem Frauen an deutschen Universitäten allgemein zum Studium zugelassen worden waren. Drei ihrer Geschwister starben an Diphtherie, ihr ältester Bruder fiel im Ersten Weltkrieg, direkt nach dem Abitur. Liebe und Ehrgeiz der Eltern richteten sich daher auf die einzige verbliebene Tochter. Dorothea Eva Johanna durfte, für ein Mädchen damals außergewöhnlich, Medizin in Wien und München studieren.

Meine Großmutter war allerdings auch eine sehr beeindruckende Persönlichkeit: unendlich leistungsbereit, überwältigend willensstark, für ihre nähere Umgebung gewiss manchmal anstrengend. Auf der Flucht aus Breslau schlug sie sich im Februar 1945 mit drei kleinen Kindern – meiner Mutter Hedda und den beiden Söhnen Hans und Ulrich – zunächst nach Mähren durch, wo sie in einem amerikanischen Militärkrankenhaus arbeitete. Der Leiter dieses Lazaretts tat viel für sie: Zum einen warnte er sie rechtzeitig vor dem bevorstehenden Abzug der Amerikaner, zum anderen bescheinigte er ihr in einem offiziellen Dokument »hervorragende medizinische Leistungen«. Mit ihren Kindern kam meine Großmutter schließlich nach Kiel, in die Heimatstadt meines Großvaters, der allerdings an der Front in russische Kriegsgefangenschaft geraten war. Meine Großmutter ergatterte eine der raren Stellen im öffentlichen Gesundheitsdienst und brachte die Familie mühsam durch die Hungerwinter von 1946 und 1947. Als mein Großvater 1949 aus Russland zurückkam, war vollkommen klar, dass es für ein Ehepaar nur *eine* Stelle im Staatsdienst geben konnte – und ebenso selbstverständlich, dass der Ehemann, der die gleichen medizinischen Qualifikationen hatte wie meine Großmutter, sie bekommen musste.

Ich habe sie nie danach gefragt, aber ich glaube nicht einmal, dass diese Wendung der Dinge meine Großmutter übermäßig erbitterte: So wenig sie einerseits an ihren eigenen Fähigkeiten zweifelte, so wenig hätte sie andererseits die quasi naturgesetzliche Rollenverteilung ihrer Zeit in Frage gestellt. Von Frauen wurde eben mehr verlangt, sie musste eben mehr kämpfen. Das Empfehlungsschreiben des amerikanischen Lazarettchefs half ihr, Reisestipendien für Großbritannien und die USA zu erlangen, wo sie sich gründlich über *marriage guidance*, psychosoziale Beratung bei Eheproblemen, informierte. So etwas gab es in Deutschland damals kaum, dabei war der Bedarf riesig: In den Familien der Kriegsheimkehrer herrschte alles andere als gemütliche Idylle. Mitte der fünfziger Jahre eröffnete meine Großmutter in Kiel eine der ersten staatlichen Eheberatungsstellen.

Was ihre eigenen Kinder anging, so gab meine Großmutter

ihr gespaltenes Rollenbild weiter: Selbstverständlich ging meine Mutter aufs Gymnasium, selbstverständlich durfte sie studieren. Aber die Last der Haushaltsführung in einer Familie mit zwei vollzeitberufstätigen Eltern lag, sobald sie alt genug war, eindeutig bei der Tochter: Meine Mutter hatte einzukaufen, zu putzen, für das Abendessen zu sorgen und Handwerker zu beaufsichtigen. Die Brüder mussten deutlich weniger im Haushalt helfen.

Meine Mutter, Jahrgang 1943, von der Generation her also eine potenzielle Achtundsechzigerin, hat diese Ungerechtigkeit meines Wissens stark empfunden, ohne je zur Feministin zu werden – wie ihr überhaupt die gesamte Studentenbewegung zu antibürgerlich, zu militant, zu laut im Auftreten und zu selbstgefällig in der Eigenwahrnehmung war. Wohl aber zog sie Konsequenzen für meine und die Erziehung meiner Schwester: Wir mussten im Haushalt keinen Finger rühren; unsere Pläne hatten immer Vorrang vor denen des Waschmaschinen-Kundendienstes; zu grauenhaften Handarbeiten wie Häkeln wurden wir ausschließlich in der Grundschule gezwungen. Meine Mutter, die Anglistik und Geschichte studiert hat, arbeitete auf Drittel- oder halben Stellen am selben Gymnasium wie mein Vater. Häufig konnte der fortschrittlich gesonnene Schulleiter sogar ihre Stundenpläne aufeinander abstimmen. Sie habe sich bewusst gegen Vollzeitberufstätigkeit entschieden, sagt meine Mutter, weil sie uns die Erfahrungen ihrer eigenen Kindheit nicht zumuten wollte: den ständigen Stress, das viele Alleinsein, die Hausarbeit neben den Schulaufgaben. Inzwischen frage sie sich manchmal, ob ihre Entscheidung richtig gewesen sei, denn heute werde über Hausfrauen und Nur-Mütter geredet, als ob sie Vollidiotinnen und, schlimmer noch, volkswirtschaftliche Parasiten seien.

Aus den sprichwörtlichen Waschkörben von Leserbriefen, die wir bekommen, wenn wir das Thema Familie und Beruf in der *ZEIT* hin- und herwenden, weiß ich, dass sehr viele Frauen so empfinden wie meine Mutter. Und als jemand, der in den Genuss einer unbeschwerten, komfortablen Kindheit gekommen ist, halte ich die gegenwärtige Stimmungsmache gegen Hausfrauen für extrem ungerecht.

Allerdings war sowohl für mich wie für meine Schwester trotz des harmonischen häuslichen Vorbilds klar: wir nicht! Wir werden selbstverständlich arbeiten, mit oder ohne Kind, mit oder ohne Mann, ganz egal, arbeiten! Erfolg haben! Uns durchsetzen! Mir (Jahrgang 1967) ist das mit einer nunmehr vierzehnjährigen Tochter ganz gut gelungen, meiner Schwester (Jahrgang 1972), bisher ohne Kinder, auch. Manchmal frage ich mich allerdings, ob meine Mutter sich durch unsere entschlossene Berufsorientierung gekränkt fühlt, ob sie unsere geringe Neigung zur häuslichen Sphäre als Kritik empfindet – ich hoffe nicht, haben doch sie und mein Vater durch die vielen, vielen Stunden, in denen sie unsere Tochter hüteten, meinen Berufsweg erst möglich gemacht.

Welches Rollenbild gaben meine Eltern weiter? Für uns galt, dass Mädchen alles können, alles dürfen, nichts müssen, was sie nicht wollen. Das war nicht nur die Haltung meiner Eltern: »Mädchen stark machen« war in meiner Kindheit erzieherisches Grundgesetz. Die Patriarchatskritik der zweiten Frauenbewegung durchdrang die politische Rhetorik, das Hochschulwesen, die Lehrpläne, die Meinungsbildung in vielen Familien. Es gab immer noch eine Menge zu tun, über das Wahlrecht und den Universitätszugang hinaus, die die erste europäische Frauenbewegung so heroisch erstritten hatte. Erst 1976 durfte beispielsweise auch der Geburtsname der Frau Familienname werden; bis 1977 konnte ein Ehemann seiner Frau die Berufstätigkeit verbieten, wenn sie seiner Meinung nach ihre häuslichen Pflichten vernachlässigte; und erst 1980 wurde das deutsche Arbeitsrecht an EU-Recht angepasst und garantierte nun beiden Geschlechtern Anspruch auf gleichen Lohn für gleiche Arbeit.

Ich glaube allerdings, dass diese Erfolge der Frauenbewegung weniger von spektakulären Einzelaktionen wie zum Beispiel der berühmten Busenentblößung im Adorno-Seminar abhing, auch nicht von (vielleicht zu Unrecht) längst vergessenen Heldinnen der studentischen »Weiberräte«, sondern von einem langfristigen Osmoseprozess. Feministisches oder jedenfalls antidiskriminatorisches Gedankengut sickerte langsam, zunächst kaum spürbar, in alle Schichten der Gesellschaft ein. Und eines Tages war es plötzlich unmöglich geworden, einen Satz zu sagen wie: »Mädchen können das nicht.« Die Unmöglichkeit aber, etwas öffentlich zu sagen, ohne sich lächerlich zu machen, ist der entscheidende Schritt. Ist er vollzogen, gibt es in der Regel keinen Weg zurück in die reaktionäre Vergangenheit.

Zu Zeiten der bäuerlichen Subsistenzwirtschaft wäre eine solche Entwicklung natürlich noch nicht möglich gewesen. Aber die Wirtschaft im Spätkapitalismus und vielleicht auch schon die am Horizont heraufdämmernde postindustrielle, globalisierte Gesellschaft brauchten Individuen, Männer und Frauen, die voll einsetzbar waren, als Konsumenten und als Arbeitnehmer. Und sie brauchen sie bis heute. Je weniger diese Menschen von traditionellen Rollenvorstellungen, Milieuloyalitäten, moralischen Werten, Sentimentalitäten oder Sehnsucht nach einer nichtökonomistischen Privatsphäre angekränkelt sind, desto besser. Die Frauenbewegung konnte, ebenso wie die übrigen Emanzipationsbewegungen der Achtundsechziger-Ära, auch deshalb so erfolgreich werden, weil sie das Geschäft einer gesellschaftlichen Modernisierung betrieb, die im Interesse des Kapitals lag.

»Kirche, Staat, Sitte und Familie«, schreibt der Journalist Jan Roß in *Die neuen Staatsfeinde*, »waren eben nicht nur der freien Liebe im Weg, sondern auch der freien Wirtschaft. Wer mobile Arbeitskräfte haben wollte, dem konnte die Zerschlagung der Familienstrukturen nur recht sein; Wochenendeheleute, Singles und Geschiedene, auf die zu Hause niemand wartet, bilden das ideale, stets verfügbare Personal eines rund um die Uhr und rund um die Welt aktiven Unternehmens. Kinderlose Doppelverdiener sind attraktivere, ansprechbarere Nachfrager als Familien, die in ihren Ausgaben weitgehend festgelegt sind. Wer das Reservoir der gesamten Bevölkerung für Produktion und Konsum ausschöpfen möchte, dem wird die traditionelle ›Hausfrauenehe‹ samt Mutterrolle nicht passen: Flächendeckende Frauenerwerbstätigkeit ist dagegen ein erfreulicher Wachstumsfaktor.«

Doch egal, wie viel Emanzipation dem expandierenden Kapitalismus geschuldet war: Auf jeden Fall dürften wir, die heute fast Vierzigjährigen, die erste Frauengeneration sein, die vom emanzipatorischen Großtrend in vollem Umfang profitierte – und denen man die Steine schon aus dem Weg räumte, bevor wir uns überhaupt daran stoßen konnten. Einen kindlichen Blick erhaschten wir gerade noch auf das schwarz-weiße Nachkriegsdeutschland, auf eine Zeit ohne Fernsehen, auf Menschen, die noch von selbst erlebter Not berichten konnten, auf letzte Beschränkungen für Mädchen. Noch existierten fossilienartige Verwandte, die Hosen als Mädchenkleidung nicht schicklich fanden, auch wenn 1973 erstmals mehr Damenhosen als Röcke verkauft wurden. Nichtdiskriminierende Mathebücher wurden gerade erst erfunden, die Koedukation kam erst in den Siebzigern richtig in Schwung.

Mit den achtziger Jahren werden die Erinnerungen unweigerlich bundesrepublikanisch bunt: Dinge, die ein Mädchen oder überhaupt irgendjemand aus Prinzip »nicht tat«, gab es kaum noch. Als ich 1986 Abitur machte – selbstverständlich war ich, unter großer Ermunterung durch meine Lehrer, auch Schulsprecherin gewesen –, hatte ich das Gefühl, dass die Welt auf mich wartete. In der Konfrontation mit dem Arbeitsmarkt der neunziger Jahre relativierte sich diese Wahrnehmung ein wenig, aber so ging es ja allen im Zeitalter der Kohl'schen Massenarbeitslosigkeit, die im Jahr 1998, lange vor Hartz IV, 4,8 Millionen Arbeitslose betrug. Zu keiner Sekunde hatte ich das Gefühl, je *als Frau* benachteiligt zu sein, im Gegenteil: Die Ladenhüter bei der Kandidatur um politische Ämter, in der Konkurrenz um Volontariate und erste Stellen waren eindeutig die gleichaltrigen Nur-Männer.

Es gibt natürlich andere Drei-Generationen-Erzählungen als meine eigene, die von weit dramatischeren Verbesserungen des Frauenschicksals im 20. Jahrhundert berichten. Fast immer geht es dabei um Bildung, um die traditionelle Mutter- und Hausfrauenrolle und auch um die Modernisierung von Gefühlen.

Die britische Schriftstellerin Margaret Drabble beispielsweise beschreibt in dem autobiografischen Roman *The Peppered Moth* ihr eigenes und das Leben ihrer Mutter. Deren literarisches Alter Ego, Bessie Bawtry, kommt zu Beginn des 20. Jahrhunderts in einer nordenglischen Bergarbeiterstadt zur Welt. Bessie widersteht den Anfechtungen von Kohlenstaub und

Vitaminmangel und wächst zu einer körperlich anfälligen, aber hochbegabten Schülerin heran. Die englischen Schulen der zwanziger Jahre sind bereits darauf eingestellt, herausragende Schülerinnen zu fördern. Bessies Englischlehrerin am Gymnasium, Miss Jane Heald, hat selbst einen hervorragenden Hochschulabschluss und tut alles dafür, um ihrem Schützling ein Stipendium für die Eliteuniversität Cambridge zu verschaffen. Diese Ermutigung ist allerdings auch notwendig, denn Bessies Familie könnte das Studium weder finanzieren, noch brächten die schüchternen Eltern den Mut auf, für ihr Kind derartige Bildungsansprüche zu stellen.

Aus Margaret Drabbles Schilderung der engagierten Lehrerin wird deutlich, wie wenig die erste Frauenbewegung mit der Patriarchatskritik der zweiten Frauenbewegung und dem differenzfixierten Spätfeminismus unserer Tage zu tun hatte: Die Lehrerin Miss Heald, die nicht hätte berufstätig sein dürfen, wenn sie verheiratet gewesen wäre, favorisiert die kompromisslose, ausdrucksstarke Sprache männlicher Autoren gegenüber den ihrer Ansicht nach allzu verspielten Texten der zeitgenössischen Schriftstellerinnen: »Sie war eine moderne Frau, und als Feministin bevorzugte sie das Männliche«, schreibt Margaret Drabble. Der wichtigste Grundsatz, den Heald ihren Schülerinnen beibringt, lautet, im Interesse einer verheißungsvollen Zukunft auf kurzfristige Befriedigung zu verzichten. Ihr Credo: Bedürfnisaufschub, um dem unausgefüllten, eingehegten, konventionellen Frauenleben der damaligen Zeit endgültig zu entkommen. Das Konzept hat später komplizierte Auswirkungen auf Bessies Tochter Chrissie. Und für unsere Zwecke wird es sehr aufschlussreich sein, sich mit der Frage zu beschäftigen, wie es die junge Frauengeneration bei uns mit dem Bedürfnisaufschub hält.

Bessie jedenfalls wird, bei allem Fleiß, aller Disziplin und allen akademischen Erfolgen, nicht glücklich: Sie fühlt sich in Cambridge zwischen den reichen Kommilitoninnen sozial unterprivilegiert. Vor allem aber hat die prinzipielle Akzeptanz von Frauen an den Hochschulen die Privatsphäre noch nicht verändert. Als Bessie heiratet, kurz vor den Wirren des Zweiten Weltkriegs, ist es vollkommen unvorstellbar, dass eine Ehefrau überhaupt arbeitet, egal, wie gut ihre Qualifikationen sind. Die intelligente, ehrgeizige Bessie verfällt als Nurmehr-Mutter in tiefe Verzweiflung. Es ist der Krieg, der ihr vorübergehend aus der familiären Sackgasse hilft: Die Männer, auch ihrer, sind an der Front. Als arbeitende Reservearmee werden verheiratete Frauen jetzt geduldet. Bessie muss als Lehrerin ihren Sohn und ihre Tochter allein ernähren, und sie genießt diese harte Zeit durchaus. Doch als die Männer zurückkehren, wird auch von den Frauen in England erwartet, dass sie die Arbeitsplätze wieder räumen. Obwohl sie ihren Ehemann liebt, bedeutet der Weg zurück in die erzwungene Abhängigkeit und Untätigkeit für Bessie erneut Depressionen, Neurosen und ein recht elendes häusliches Leben.

Ihre Kraft reicht gleichwohl, um erheblichen Druck auf ihre Kinder auszuüben: Wenigstens Tochter Chrissie soll nun beruflich erfolgreich sein, die Träume ihrer Mutter verwirklichen. Chrissie – Margaret Drabble, wie wir annehmen dürfen – reagiert darauf mit dem zu erwartenden Widerstand: Sie bricht ihr Archäologiestudium in Cambridge ab, weil sie schwanger wird, und heiratet den brillanten, charmanten, aber gänzlich unzuverlässigen Vater ihres Kindes. Es folgen Jahre der Untreue, der Trennung, einer prekären Berufslaufbahn. Nimmt man diese Schilderung zum Nennwert, dann war die Achtundsechziger-Frauengeneration vielleicht weniger eine Generation des feministischen Aufbruchs als eher eine ziemlich verängstigte Generation des Beziehungsdramas.

Chrissie jedenfalls findet erst spät in einer zweiten Ehe relativen Frieden. Ihre Tochter Faro ist dann wie wir Vierzigjährigen von heute: mit allen Möglichkeiten ausgestattet, zielstrebig in ihrem Beruf als Wissenschaftsjournalistin, aber extrem zurückhaltend und unentschlossen, wenn es um die langfristige Bindung an einen Mann geht.

In Deutschland wurde die schwedische Journalistin und Autorin Marianne Fredriksson ebenfalls mit einem Drei-Generationen-Roman bekannt: *Hannas Töchter* stand monatelang auf den Bestsellerlisten. Die Geschichte von Hanna (1871–1964), Johanna (1902–1987) und Anna (in den dreißiger Jahren geboren) rückt ebenfalls das Bildungsmotiv und zudem die Wanderung vom schwedischen Land in die Großstadt Göteborg in den Mittelpunkt; noch mehr aber geht es der Autorin um die Evolution der weiblichen Gefühle: Hanna, nach einer Vergewaltigung im ganzen Dorf verachtete Mutter eines unehelichen Kindes, muss sich glücklich schätzen, dass überhaupt noch ein Mann sie heiratet, ganz egal, ob sie ihn liebt oder nicht. Sie hat früh und gründlich gelernt, dass soziale Absicherung und nicht allzu viel Brutalität in der Ehe das Höchste sind, was sie erwarten darf. Ihr Verhältnis zu ihren Kindern bleibt zurückhaltend, zu hoch ist die Kindersterblichkeit, zu willkürlich das Schicksal, als dass sie ihr Herz an den Nachwuchs hängen würde.

Die Tochter Johanna kann bereits mehr ihren Emotionen folgen: Sie heiratet aus Liebe, nimmt freilich später die regelmäßigen Prügelattacken ihres Ehemanns hin, begehrt nicht auf, trennt sich nicht. Anna schließlich, die als erste Frau in der

Familie studiert und Journalistin wird, erlebt alle Aufs und Abs einer modernen Beziehung: wilde Jahre an der Universität, große Liebe, großes Drama, Untreue, Trennung, Alleinerziehendenschicksal, schließlich Wiederheirat mit ihrem Exehemann. »Erst jetzt«, sagt Anna einmal, »wo fast jede zweite Ehe mit einer Scheidung endet, beginnt man widerwillig zu begreifen, dass aus einer Verliebtheit nur selten Liebe erwächst und dass nicht einmal die Liebe einen Menschen aus der Einsamkeit befreien kann. Und dass Sex das Leben nicht mit Sinn erfüllt.«

Der Zwang zur Sinnstiftung, das Verschwinden jedweden Determinismus aus dem Frauenleben hat auch meine Kollegin Sabine Rückert in einem Artikel über ihre eigene Familie beschäftigt, den sie im Frühjahr 2004 für eine *ZEIT*-Serie zum Thema Demografie schrieb: »Meine Urgroßmutter brachte 13 Kinder zur Welt, ich bloß eines«, stellt sie gleich im ersten Satz fest. Auch Sabine Rückert ist fasziniert von dem Zuwachs an weiblicher Freiheit in den letzten hundert Jahren – sie warnt aber gleichzeitig vor falscher Nostalgie angesichts der neuen Unübersichtlichkeit: »Heute, da ich selbst die vierzig überschritten habe«, schreibt sie, »treffe ich häufiger auf Leute, die sich aus dem Zeitalter des multimedialen Geplappers, der Kommunikationsexzesse und der globalisierten Belanglosigkeit ins Früher zurückwünschen, in eine Zeit, da die Menschen bedeutender, ihre Gedanken ernster, ihre Gefühle tiefer, ihre Literatur größer, ihre Bauwerke vollkommener gewesen sein sollen. Eine Zeit, in der alle eine Ordnung, die Kinder eine Zukunft und der Einzelne seinen Wert gehabt haben, in der Ehe und Familie noch zuverlässige Größen waren. Dann denke ich an meine Urgroßmutter, von der ich nicht weiß, wann sie inkontinent wurde – nach der fünften Geburt vielleicht oder nach der siebten. Die von ihrem Mann mit groben Vorwürfen überhäuft wurde, wenn sie wieder schwanger war. Die ertragen musste, dass ihr dreijähriges Käthchen an der Kehlkopfdiphtherie erkrankte und einen qualvollen Erstickungstod starb, den heute kein westeuropäisches Kind mehr erleiden muss. Die ihre Söhne dem Kaiser opferte, sich selbst dem Ehemann unterwarf, alles ertrug, weil es gottgegeben war. Und ich bin dankbar, dass ich heute leben darf.«

Ich glaube, dass nur diese Art, das Leben von Frauen zu betrachten, uns weiterbringen wird. Nur wenn wir uns bewusst machen, was wir in welch kurzer Zeit erreicht haben, und dass es kaum mehr Strukturen gibt, die uns noch an irgendetwas hindern können, werden wir in der Lage sein, die bisher unerreichten, aber erstrebenswerten oder sogar notwendigen Ziele künftiger Frauenpolitik zu definieren. Und nur eingedenk des sozialen Fortschritts und des unglaublichen Osmoseerfolgs der Frauenbewegung werden wir eine saubere Bestandsaufnahme der Kollateralschäden dieses Erfolgs zu Stande bringen. Denn natürlich gibt es Kollateralschäden: Verwirrung gehört dazu, emotionale Überforderung, eine lähmende Unfähigkeit, sich festzulegen.

Sabine Rückert hat für die schwierige Situation der jungen Generation eine Symbolfigur gefunden: ihre Nichte Miriam. »Eine schöne, kühle Frau von fünfundzwanzig Jahren«, schreibt Rückert: »Sie hat Medizin studiert und will Fachärztin für wiederherstellende Chirurgie werden. Anno 1904 wäre sie verheiratet und wäre Mutter von drei, vielleicht vier Kindern – jetzt, anno 2004, packt sie ihre Koffer, um ein praktisches Jahr in Singapur, Sydney und Kapstadt zu absolvieren.... Mit welcher Selbstverständlichkeit sie ihr globalisiertes Frauenleben aufnimmt! Und die Liebe? Bleibt zurück. Eine tiefe innere Unruhe treibt Miriam fort. Kinder? Bestimmt! Aber wann? Wenn diese unerklärliche Nervosität von ihr abgefallen sein wird, also sicher nicht vor 35. Von wem? Keine Ahnung, er wird kommen.«

Miriam, die moderne junge Frau, liest vielleicht Bücher wie *Generation Ally* von Katja Kullmann, vielleicht auch *Bridget Jones'-Schokolade zum Frühstück* oder die Romane Ildikó von Kürthys, sieht womöglich manchmal *Sex and the City* und amüsiert sich über die Selbstzweifel, die Gewichtsprobleme, die Männerfixiertheit der Heldinnen. Vielleicht erlaubt sie sich ein klein wenig von dieser weiblichen Trashkultur in ihrem eigenen Leben, den E-Mail-Flirt mit einem Kollegen, eine lange Debatte mit Freundinnen über die richtige Formulierung einer SMS. Aber zwischen sich und ihr Berufsziel lässt sie solche Trivialitäten gewiss nicht kommen. Es ist ja sogar noch vollkommen offen, ob ein Mann oder Kinder sie auch nur vorübergehend davon ablenken könnten. Ganz gewiss aber fühlt Miriam sich nicht diskriminiert, weil sie eine Frau ist. Warum sollte sie auch? Sie kann wählen. Sie kann alles. Jedenfalls jetzt, am Anfang ihres Erwachsenenlebens. Einer solchen Selbstwahrnehmung hat der klassische Benachteiligungsfeminismus nichts mehr zu bieten.

Eigentlich hatten die Frauen meiner Generation bereits die gleichen Möglichkeiten wie Miriam. Was »Diskriminierung« sein sollte, lernte ich erst auf der Universität, paradoxerweise, nachdem ich als Frau mühelos AStA-Vorsitzende geworden war. Heute ärgere ich mich über manchen Unfug, den ich damals nachgeplappert habe, weil ich »links« sein wollte und politisch und weil ich mir hatte einreden lassen, die an der Uni übliche Frauenarbeit gehöre da zum Programm. Ich ärgere mich, dass ich tatsächlich mit zehn oder zwölf anderen Frauen in einem schedderigen »feministischen Frauen-Gesundheitszentrum« auf dem Fußboden gesessen und, ja, in einer Gruppe das Einsetzen eines Diaphragmas geübt habe – weil wir uns schließlich der Macht der Frauenärzte entziehen wollten, die uns mit der Pille unterdrückten! Die letzten feministischen Aktivistinnen der achtziger Jahre sind tatsächlich einen genaueren Blick wert, denn an ihnen lässt sich zeigen, warum junge Frauen einen derartigen Feminismus nicht mehr wollen, warum die Frauenbewegung politisch ins Abseits geraten ist und warum so viele zentrale Probleme des Frauenlebens – namentlich die Kinderfrage und die Beziehungsverhandlungen mit Männern – so ganz und gar ungelöst geblieben sind.

Nehmen wir Andrea und Ruth. Die beiden waren das Duo Infernale des autonomen Frauenreferats und verachteten alle Frauen, die sich in »männerdominierten Strukturen«, vulgo: bei den Jusos, in der Fachschaftsliste oder beim RCDS betätigten, als Wasserträgerinnen des Patriarchats. Sie hatten sich beide brav durch die Literatur der neuen Frauenbewegung gequält und waren zu dem Schluss gekommen, dass Frauen (theoretisch) überhaupt nur außerhalb der männlichen Einflusssphäre leben können. Deshalb unterstützten sie das politische Lesbentum, was sie freilich nicht daran gehindert hat, später im Leben dann höchst bürgerlich zu heiraten.

Warum haben wir »männerzentrierten« Frauen uns überhaupt mit Leuten wie Ruth und Andrea auseinander gesetzt? Vermutlich ging von der feministischen Theorie, von den Büchern von Doris Lessing *(Das goldene Notizbuch)* und Betty Friedan *(Der Weiblichkeitswahn)*, von Simone de Beauvoir *(Das andere Geschlecht)*, von Susan Brownmiller *(Gegen unseren Willen)* und Kate Millett *(Sexual Politics/Sexus und Herrschaft)* eine Faszination aus ähnlich jener, die Marxisten an ihre Quellentexte fesselt: Da war ein Vokabular zu lernen, eine ganze Puppenstube mit geheimnisvollen Begriffen zu möblieren, die zwar die Wirklichkeit nicht umfassend abbilden und erklären konnten, aber den großen Vorteil hatten, von Uneingeweihten nicht verstanden zu werden. Herrschaftswissen eben.

Das machte eine Zeit lang Spaß, auch wenn die empirischen Unterdrückungserfahrungen (oder eher der Mangel daran) die Theorie nicht bestätigten. Aber die gesamte Richtung geriet ins Abseits, je mehr sich die Autonomiediskussion verschärfte: Schließlich war es so augenfällig, dass alle realen, handfesten Verbesserungen für Frauen immer über normale politische Mehrheiten und schnöde Gesetze zu Stande kamen und dass die Frauenbewegung gleichzeitig am Verhalten der Männer (»Das Private ist politisch«) nur wenig verändert hatte, ja, nicht einmal die faktische Präferenz vieler Frauen für harte Machos – von der weiblichen Populärkultur ganz zu schweigen.

Der feministische Diskurs der späten achtziger Jahre war immer noch auf ein Patriarchat fixiert, das sich ganz offensichtlich längst auf dem Rückzug befand: Professoren versuchten zwar Berufungslisten zu manipulieren, um Frauenförderpläne zu unterlaufen – aber es *gab* die Frauenförderpläne und auch Lehrstühle für Frauenforschung, selbst wenn deren Inhaberinnen sich oft besonders wissenschaftshuberig gaben. Der Anteil der Studentinnen an deutschen Hochschulen stieg von achtzehn Prozent (1954) auf rund fünfzig Prozent. Fünfunddreißig Prozent der Promotionen und immerhin achtzehn Prozent der Habilitationen stammen inzwischen von Wissenschaftlerinnen.

Vor diesem unbestreitbar positiven Trend erschien die »Kritik am patriarchalen Gehalt der kulturellen Hervorbringungen des Mannes« irgendwie fadenscheinig, zumal die »Gegenentwürfe zum Bestehenden, in denen der weibliche Standpunkt autonom und gleichberechtigt zum Ausdruck kommt«, wie Luise F. Pusch in *Inspektion der Herrenkultur* schreibt, kaum Gestalt annahmen – oder keine sehr attraktive, man erinnere sich nur an das theoretisch begründete Lesbentum.

Die Wiedervereinigung dürfte das ihrige zum Niedergang des Feminismus beigetragen haben. Plötzlich gab es so viel historische Wirklichkeit, so viel echte, erlebbare Geschichte und Politik, so viele Frauen mit derartig andersartigen Erfahrungen als ihre Schwestern im Westen, dass Miterleben und Betrachten viel spannender wurde als westdeutsche Theorie – jedenfalls vorübergehend.

Ich selbst wurde Anfang der neunziger Jahre dank politisch korrekter Verhütungsmethoden schwanger und war mehr mit mir selbst als mit feministischer Theorie oder praktischer Frauenpolitik beschäftigt. Aber ich machte zwei interessante Erfahrungen: Ein Pädagogikprofessor wollte mich nicht prüfen, weil er sich, wie er sagte, Sorgen um die Gesundheit des Ungeborenen mache, falls ich schlecht abschnitte. Das war nun wirklich ein Diskriminierungsfall, der mich aber unterm Strich eher anspornte als entmutigte: Von der Universitätsfrauenbeauftragten über die Regierungspressesprecherin bis zur Kultusministerin erfuhr ich freundlichste Unterstützung gegen die ungeheuerliche Unterstellung, ich könne bei einer Prüfung andere als sehr gute Leistungen abliefern. Der Mann hatte an seiner vielleicht ja tatsächlich fürsorglich gemeinten Entscheidung nicht die geringste Freude. Die gesellschaftliche Praxis hatte ihn überholt. Eine Einstellung wie die des reaktionären

Professors war einfach nicht mehr öffentlich zu vertreten. Den Prozess verlor er. Die Prüfung machte ich mit »sehr gut« bei einem fortschrittlicheren Pädagogen.

Um mich auf die Geburt vorzubereiten, las ich als Studentin natürlich Bücher. Bei Frauen meiner Generation war eine Schwangerschaft mit Anfang zwanzig nicht sehr verbreitet, es gab also kaum erfahrene Freundinnen, die mich hätten beraten können. Und so informierte ich mich zum Beispiel aus *Unser Körper, unser Leben,* einem amerikanischen Frauengesundheitsbuch vom Boston Women's Health Collective aus den siebziger Jahren, das allerdings erst 1980 auf Deutsch erschienen war. Ich fühlte mich höchst beunruhigt durch die düsteren Warnungen vor skrupellosen Gynäkologen, die einen sofort nach der Aufnahme in die Klinik mit Betäubungsmitteln voll pumpen würden, so dass man eventuell die Geburt, den »Höhepunkt im Leben einer Frau«, nicht bewusst erleben würde. Tatsächlich hätte ich in dem freundlichen und modernen städtischen Krankenhaus, in das ich mich – natürlich mit meinem Ehemann – zur Entbindung begab, wahrscheinlich Kopfstand machen müssen, um auch nur eine einzige Aspirintablette zu ergattern. Die medizinische Praxis war demnach selbst in der medizinischen Provinz sehr viel weiter als die feministische Theorie, die immer noch im Frauenbuchladen im Regal stand.

Der Negativblick auf die Wirklichkeit, die Angst vor Diskriminierung und Defizit hat sich bis in die populären Frauenbücher unserer Tage hinein gehalten. So bilanziert die Wirtschaftsjournalistin Barbara Bierach in ihrem Bestseller *Das dämliche Geschlecht* zwar detailreich den Bildungserfolg der Frauen und ihre ausgezeichneten Karrierevoraussetzungen, aber nur, um dann in die langgezogene Klage zu verfallen, es ginge alles nicht schnell genug: immer noch zu wenig weibliche Bosse, immer noch zu wenig Frauen in Firmenvorständen. Nach Barbara Bierach sind es die Frauen selbst, die ihre Chancen vergeuden. Ihre Argumentation ist ein ganzes Stück weit nachvollziehbar, doch ihre ausschließliche Fixierung auf Erfolg im Berufsleben, ihre Verdammung der angeblich parasitären Hausfrauen, die sich von ihren Männern durchfüttern lassen, Tennis spielen und dann auch noch unzufrieden sind, blendet große Bereiche des »richtigen« Lebens einfach aus.

Dieser »Alles geht zu langsam«-These einfach *Geduld* entgegenzuhalten wirkt wenig sexy, wird aber der komplexen Lebenswirklichkeit von Männern und Frauen in diesem Land vielleicht doch eher gerecht. Nehmen wir als Beispiel den Universitätssektor: 1980 habilitierten sich 4,8 Prozent der Frauen an den Universitäten, heute sind es fast viermal so viele. Allmählich schlägt sich diese Entwicklung auch auf die Besetzung der Professorenstellen nieder: Heute gibt es sieben Prozent Professorinnen auf C4-Stellen, 1980 waren es erst 2,6 Prozent. Gerade der Wissenschaftsbetrieb ist ein gediegenes, langwieriges Geschäft, mit vielen interessanten Abzweigungsmöglichkeiten am beruflichen Wegesrand. Die Vereinbarkeit von Forschung und Familie ist mitunter extrem kompliziert – und bisher allein Aufgabe der Wissenschaftlerinnen geblieben. Wie Kinder überhaupt Frauensache sind, nach wie vor und ausschließlich. Vor diesem Hintergrund mag die Option, sich gegen eine Wissenschaftskarriere zu entscheiden, für eine Frau zwar bedauerlich sein, aber sie ist nicht in jedem Fall ein Indiz für ihre von Barbara Bierach behauptete Dämlichkeit. Die männlichen Lehrstuhlinhaber versuchen vielleicht noch, in den Gremien der Universitäten zu mauern, aber sie befinden sich doch längst auf der gleichen schiefen Ebene wie mein reaktionärer Pädagogikprofessor. Nach und nach werden also immer mehr Frauen berufen werden. Das ist unausweichlich. Und gleichzeitig können wir ja auch die männlichen Lehrstuhlinhaber, die nur eine geringe Neigung zeigen, in den Vorruhestand zu gehen, wohl kaum einfach erschießen. Ein Personalaustausch kostet eben Zeit, zumal in einer Sphäre, die in den vergangenen Jahrzehnten nicht gerade Stellenzuwächse zu verzeichnen hatte. Spannend werden die Jahre bis 2015: Dann dürften zwei Drittel der heute tätigen Professoren pensioniert sein. Wie sie ersetzt werden, wird der Testfall für die Karrierechancen von Frauen in der Wissenschaft.

Ein anderes Beispiel für den feminisierenden Trend der Zeit ist die Bundeswehr, die seit dem Jahr 2000 Soldatinnen in alle Laufbahnen und Verwendungen aufnimmt. Zehntausend Frauen in Uniform beschäftigt die Armee heute. Etwa zehn Jahre lang bleiben Zeitsoldaten bei der Truppe; der Verteidigungsminister müsste (bei einer Sollstärke von knapp zweihunderttausend Zeit- und Berufssoldaten) also zehn Jahre lang ausschließlich Frauen einberufen, wenn er in der Bundeswehr zügig den Geschlechterausgleich herstellen wollte. Daran wird die Absurdität der Geschwindigkeitsklage à la Bierach vielleicht ein wenig deutlich.

Könnte szenige Frauenliteratur nicht wenigstens feiern, dass die generelle Richtung stimmt? Natürlich nicht. Wenn es mit der Karriere nicht zu lange dauert, dann sind es eben die neuen Freiheiten, die irritieren: »Wir leiden am Einerseits-andererseits-Komplex und nennen das dann Flexibilität, Mobilität, Work-Life-Balance«, schreibt Katja Kullmann in *Generation Ally*: »Einerseits empfinden wir Souveränität und Selbstbestimmtheit, andererseits sehnen wir uns nach dem Aufgehen und Verschmelzen in einer Partnerschaft. Einerseits wollen wir uns im Beruf verwirklichen, andererseits Kinder bekommen und vielleicht sogar selbst großziehen.... Keine Frauengeneration vor uns war so gut ausgebildet, aufgeklärt und ›befreit‹ wie wir – und trotzdem sind wir nicht wirklich glücklich.«

Wahrscheinlich trifft diese Bestandsaufnahme weitgehend zu. Aber es ist eine luxuriöse Form von Unglück, welche die weiblichen *young hopefuls* sich da leisten. Als Gefühlsoption kommt solches Zaudern und Zagen ohnehin nur für jene Frauen in Frage, die von den neuen Perspektiven für Mädchen profitiert haben, bis hin zur »katholischen Arbeitertochter vom Lande«, die zur Symbolfigur für Georg Pichts große Bildungsreform Ende der sechziger Jahre wurde: Auch sie geht heute aller Wahrscheinlichkeit nach aufs Gymnasium, nimmt Verhütungsmittel und trägt nabelfreie T-Shirts. Allerdings überlegt sie vielleicht noch, ob eine *Tribal*-Tätowierung über der String-Linie unverhältnismäßig viel Ärger mit den Eltern bedeuten könnte. Sicher wird sie studieren und kann dann ausgiebig an ihrer Freiheit leiden, so wie Katja Kullmann es beschreibt.

Ich will den Stress, der durch den neuen Zwang zum Biografiedesign, durch die vielen Wahlmöglichkeiten und die entsprechenden Gelegenheiten zu irren entsteht, gar nicht klein reden. Aber er ist auch ein sehr beliebter Topos der Bewusstseinsindustrie für moderne Frauen. Tatsächlich ist das Leiden an der Freiheit vielleicht gar nicht so groß, überwiegt womöglich das Rückert'sche Gefühl: »Ich bin froh, dass ich heute lebe.«

Bei den Recherchen zu diesem Buch habe ich mit vielen Studentinnen gesprochen, mit jungen Alleinerziehenden, den Mitgliedern einer Hockeymannschaft, mit Patientinnen einer psychiatrischen Klinik, mit Babysitterinnen, jüngeren Freundinnen, Kolleginnen, Juso-Frauen und Jung-Unionistinnen und den Mädchen aus drei neunten Hauptschulklassen. Nahezu keine von ihnen fühlte sich als Frau unterdrückt. Und das Ergebnis all dieser Gespräche lässt sich so zusammenfassen: Erstens sind Männer fachlich keine Konkurrenz mehr, von der irgendetwas zu befürchten wäre. Zweitens wollen die Frauen auf keinen Fall Quoten oder gezielte Frauenfördermaßnahmen, die ja eine Bedürftigkeit suggerieren würden. Drittens ist Feminismus peinlich, wie »Parteipolitik« auch. Viertens stammen, trotz aller Freiheitsgewinne, sämtliche ernsthaften Probleme, mit denen sich Frauen heute beschäftigen, aus den Lebensbereichen »Mann« und »Kinder«.

Der Feminismus hat nicht erreicht, dass Frauen sich selbst genug sind: Einem Mann zu gefallen, einen Mann zu finden gehört nach wie vor zu den Lebenszielen, die im Zweifel – von besonders unabhängigen Ausnahmen wie Miriam abgesehen – sogar wichtiger genommen werden als der berufliche Erfolg, für den die Frauen heute ja auch nicht mehr so heftig kämpfen müssen wie vor fünfzig oder hundert Jahren. Und auch die Kinderfrage ist nicht verschwunden: »Egal, ob wir uns für oder gegen ein Leben mit Kindern entscheiden«, schreibt die Psychologin Christine Carl in ihrem Buch *Leben ohne Kinder*, »es bleibt eine Entscheidung, die wie keine andere unsere ganze Persönlichkeit und unser Leben prägt. Ich kann den Beruf wechseln, ich kann eine Ehe oder Partnerschaft wieder auflösen, aber ich kann kein Kind zurückgeben, und ich kann irgendwann auch keine Kinder mehr bekommen. Das Kinderthema ist grundlegend mit der Vorstellung vom eigenen Leben verwoben.... Viele partnerschaftliche und berufliche Fragen stellen und erledigen sich im Zusammenhang mit der Kinderfrage. Das betrifft Frauenbiografien mehr als Männerbiografien.«

Die Frauenbewegung hat auf diese biografische Frage keine Antwort gefunden. Den meisten Frauen aber ist klar, dass gleiche Rechte und Chancen für Frauen nicht bedeuten dürfen, massenhaft auf ein dermaßen zentrales Element von Weiblichkeit zu verzichten, wie Mutterschaft es nun einmal unhintergehbar ist. Damit meine ich nicht, dass es weibliche Bestimmung sei, Kinder zu bekommen. Ich glaube nur, dass die Möglichkeit der Mutterschaft den letzten großen und wirklich bedeutsamen Unterschied zwischen den Geschlechtern darstellt. Alles andere ist mittlerweile verhandelbar.

Frauen können diese Möglichkeit als Last begreifen, als ihnen schicksalhaft und ungerechterweise aufgebürdete Verantwortung, aber natürlich auch als Verhandlungskapital für einen neuen Geschlechtervertrag.

# DIE DEMOGRAFISCHE KRISE EXISTIERT – UND SIE IST FRAUENSACHE

Super-Illu *appelliert an den Bürgersinn · Kinder sind Privatsache · Ökobewegung als Modell für den Schutz der sozialen Umwelt · Ostdeutschland als Labor · Angst ist gefährlich · Kein Altenhass, bitte · Kinder als Altersvorsorge, gerade für Frauen*

Um die Verhältnisse zwischen den Geschlechtern neu auszuhandeln – mit dem langfristigen Ziel, dass Eltern ihre Kinder partnerschaftlich großziehen können und die Arbeitswelt ihnen dafür ohne Einkommens- und Karrierestrafen die Luft zum Atmen lässt –, müssen sich die Frauen erst einmal bewusst machen, dass die negative demografische Entwicklung ein soziales und politisches Faktum ist. Manch eigenartige Aufklärungsmethode soll auf diesen Umstand aufmerksam machen. Im Sommer 2003 beispielsweise rief *Super-Illu-TV* zu einer bizarren Aktion auf: Unter dem Motto »Poppen für Meck-Pomm« konnten sich Paare auf Kosten des Senders in ein schickes Hotel in Mecklenburg-Vorpommern einquartieren lassen, Candlelight-Dinner und Schaumwein inklusive. Der erklärte Zweck der Veranstaltung: Zeugung. Reporter fragten im Laufe des Abends an den Zimmertüren nach, ob für die Geburtenrate im Lande schon auf Besserung zu hoffen sei. Man sah Unterhemden, bestrapste Beine, tätowierte Oberarme, Champagnerflaschen. Genereller Tenor der Antworten: Ja, danke, es laufe ganz gut …

Es ist leicht, die Geschichte als besonders peinliche Verirrung des Unterschichtenfernsehens abzutun. Aber in gewisser Weise verkennt man damit die Leistung derjenigen, die das Event erfanden: Sie haben immerhin das höchst abstrakte Thema Demografie in eine konkrete Beziehung gesetzt zum tausendfachen Handeln der Bürger, oder hier: der Zuschauer. Sicher ist es auch kein Zufall, dass der Anstoß aus Mecklenburg-Vorpommern kam. Das Land ist schon ursprünglich sehr dünn besiedelt – auf einen Quadratkilometer kommen sechsundsiebzig Einwohner – und leidet wie der gesamte Osten Deutschlands unter dem Wegzug von Menschen, die anderswo Arbeit zu finden hoffen. Auch der Geburtenrückgang nach der Wende macht sich in Schulen und Kindergärten schmerzlich bemerkbar.

Seit 1990 hat »Meck-Pomm« fast 220 000 Einwohner verloren, mehr Menschen, als in der Stadt Rostock leben. Die jungen, vergleichsweise gut ausgebildeten Frauen erweisen sich gegenüber den Männern als entschlussfreudiger und sozial mobiler – und gehen zuerst. In manchen Dörfern ist das Verhältnis von Männern zu Frauen auf hundert zu achtzig gesunken. Die erlöschenden Ortschaften sind ein Sinnbild dafür, wie sehr die Zukunft einer Gesellschaft – in Bezug auf Nachwuchs ebenso wie im sozialen Sinn – an der Kooperation der Frauen hängt. Wenn sie weg sind, ist so ziemlich alles vorbei im Kreis Uecker-Randow oder auf Rügen. Wenn sie sich weiterhin mit der gleichen Konsequenz gegen Kinder entscheiden, wie sie es im ganzen Land seit dreißig Jahren tun, bekommen wir bald ein ganz anderes Deutschland.

Junge Frauen haben erkannt, dass die Gestaltung des privaten Teils ihres Lebenslaufs, dass »Männer« und »Kinder« heute viel eher ihr Problem sind als Bildung, Beruf oder die Möglichkeit, sich politisch zu betätigen und öffentlich zu äußern. Doch ihre persönliche, meist durchaus begründbare Entscheidung gegen Nachwuchs bedeutet für sie niemals eine volkswirtschaftliche Frage, eine nationale Frage, eine Frage nach der Zukunft der Gesellschaft. Ihre Männer oder Freunde stellen diesen Zusammenhang ebenso wenig her, aber sie sind auch weniger als die Frauen so unmittelbar, höchstpersönlich, existenziell von dieser Entscheidung betroffen – und können die gesellschaftliche Dimension deshalb umso leichter verdrängen.

Und muss der Entschluss zur Familiengründung nicht auch etwas vollkommen Privates sein und bleiben? Wir, die Gesellschaft, die seit mindestens fünfunddreißig Jahren individuelle Freiheit und Selbstverwirklichung, seit fünfzehn Jahren »mehr Eigenverantwortung« und »weniger Staat« gepredigt bekommt und die sich ohnehin durch eine latente Politikverdrossenheit auszeichnet, würden uns vermutlich bedanken, wenn irgendeine Regierung uns mit staatlichen Kampagnen zum Kinderkriegen drängen wollte. Zudem würde das ungute Erinnerungen an die »Bevölkerungspolitik« der Nazis hervorrufen. Einige unversöhnliche Deutschlandhasser würden wieder einmal fragen, warum um Himmels willen diese Gesellschaft überhaupt weiter bestehen müsse. Und die Mehrheit der Menschen im betroffenen, sprich: gebärfähigen Alter würde den politischen Manipulationsversuch und staatlichen Eingriff in die Privatsphäre empört zurückweisen.

Freilich stellen auch der Zwang zur Mülltrennung, die steuerliche Begünstigung eines Katalysatorautos oder die strengen Auflagen für die Aussaat genmanipulierter Pflanzen Eingriffe in die Freiheit des Wirtschaftens und Konsumierens dar. Die Mehrheit der Gesellschaft nimmt sie – lauter oder leiser mit den Zähnen knirschend – hin, weil sich seit den Anfängen der Ökologiebewegung, seit den eindringlichen Warnungen des

Club of Rome in der berühmten Studie *Die Grenzen des Wachstums* von 1972 die Wahrnehmung durchgesetzt hat, dass die Umwelt etwas sei, worauf jeder angewiesen ist; deshalb müsse auch jeder, wenn schon nicht aktiv zu ihrem Erhalt beitragen, so doch wenigstens schädliche Verhaltensweisen unterlassen. Und wie für den Gleichstellungs- gilt auch für den Ökobereich das Prinzip der Unsagbarkeit: Kein Unternehmer kann sich heute hinstellen und öffentlich verkünden, er halte es für richtig, Schweröl in der Nordsee zu verklappen. Er mag es tun, heimlich, doch lässt er sich erwischen, wird er bestraft. Vor allem aber: Er findet keine Sympathisanten.

Die »soziale Umwelt« wird auf lange Sicht die gleiche Aufmerksamkeit brauchen wie die ökologische, und mindestens ebenso viel Schutz. Bisher finden die demografischen Debatten in den Gutachten und Broschüren diverser Institute statt und tragen Titel wie *Deutschland 2020 – die demografische Zukunft der Nation*, *Gesellschaft ohne Zukunft* oder *Die demografische Zeitenwende*. Es gibt Kongresse zum Thema und hin und wieder eine Talkrunde im Fernsehen. Doch das alles bleibt enorm abstrakt. Es hat nichts mit dem täglichen Leben zu tun.

Die Umweltbewegung kann auf starke Bilder zurückgreifen, die Mitleid und Furcht auslösen: den verölten Vogel im Wattenmeer, den brutal abgeschlachteten Wal, die Häufung von Leukämiefällen bei Kindern in der Elbmarsch, die in der Nähe der Atomkraftwerke Krümmel, Brockdorf und Brunsbüttel leben.

Vergleichbare Angstbilder für die alternde, schrumpfende Gesellschaft gibt es bisher allenfalls in den entvölkerten Landstrichen Ostdeutschlands. Dort stehen Häuser leer, Busse und Bahnen stellen den Betrieb ein, Postämter und Schulen schließen. Auf der Dorfstraße humpelt eine letzte alte Frau in geblümter Kittelschürze und mit Filzpantoffeln mühsam und einsam zum Zigarettenautomaten. Doch wer solche Bilder nicht zur Kenntnis nehmen will, muss sie auch nicht sehen – nach Hoyerswerda oder nach Weißwasser in Sachsen, nach Zorge im Harz oder Welzow in Brandenburg verschlägt es kaum jemanden. Die Zeitschrift *GEO* widmete im Frühjahr 2004 in Zusammenarbeit mit dem Berlin-Institut für Weltbevölkerung und globale Entwicklung ein ganzes Heft dem demografischen Wandel und versuchte in eindrucksvollen Beiträgen deutlich zu machen, wie sich unser Land ohne Nachwuchs verändern wird. Doch die Bilder von stillgelegten Bahnhöfen und leeren Klingelschildern, geschlossenen Kinos und ausgestorbenen Geschäften zeigen eine seltsam entrückte Schönheit, eine eigenartige Verwunschenheit und Stille – und wirken auf Menschen, die heute noch eher unter Stress, Lärm und der erzwungenen Nähe in den betriebsamen Großstädten leiden, fast wie ein Sehnsuchtsappell.

Wenn das Demografieproblem so schwer zu fassen und darzustellen ist, weil es so langsam heraufdämmert – wie soll sich da erst eine einzelne Frau bei ihrer Entscheidung für oder gegen ein Kind zuständig fühlen für ein großes Ganzes, das nicht einmal zu sehen ist? Dabei sind die Zahlen wirklich dramatisch: Frauen bekommen im Schnitt heute 1,3 Kinder. 2,1 müssten es sein, um den Bestand zu halten und die jeweilige Elterngeneration zu ersetzen – tausendmal konnten wir diese Durchschnittswerte in den Zeitungen lesen. Doch was heißt das für jede einzelne Frau? Ihr Leben verändert sich schon durch ein Kind dramatisch, eben weil sie dieses Kind, wie Christine Carl so treffend schreibt, nicht wieder zurückgeben kann. Die Bereitschaft, solche Veränderungen zu wagen, gleicht einem

Sprung ins Ungewisse, hat zu tun mit Gefühlen und Ängsten und Hoffnungen – aber nur ganz wenig mit statistischen Sollzahlen.

Wenig motivierend wirken dabei auch die verschiedenen in Umlauf befindlichen Modellrechnungen, nach denen die Bevölkerung in Deutschland von heute zweiundachtzig Millionen Menschen auf siebzig oder gar nur noch fünfzig Millionen schrumpfen wird – je nachdem, ob man, wie im ersten Fall, von steigender Lebenserwartung und einer Nettoeinwanderung von zweihunderttausend Ausländern im Jahr ausgeht oder Zuzug von außen spaßeshalber mal weglässt. Achtzig, siebzig, fünfzig Millionen – die meisten von uns haben ohnehin keine klare Vorstellung von der Größe und Vielfältigkeit unseres Landes. Das zeigt sich immer wieder an der erstaunlichen Bereitschaft, fasziniert auf die Politikmodelle sehr viel kleinerer Gesellschaften zu starren und sich dabei anklagend zu wundern, warum Sprachförderung oder aktive Arbeitsmarktpolitik in einem Zweiundachtzig-Millionen-Volk mit zwölf Millionen Einwanderern – das ist der größte Anteil an Zuwanderern nach den USA – nicht ganz genau so organisiert sein können wie für fünf Millionen Finnen und deren schwedische Minderheit.

Um den demografischen Wandel anschaulich zu machen, bedarf es wahrscheinlich eher guter Romane als eines ereignisfixierten Journalismus. Frank Schirrmacher, Herausgeber der *Frankfurter Allgemeinen Zeitung*, fragt in einem leidenschaftlichen Artikel, warum es keinen Michael Crichton, keinen Frank Schätzing der Demografie gebe und warum wir uns lieber vor Eiszeiten oder vor angreifenden Killermuscheln fürchten wollen als vor dem realen Umbruch, der gewaltigen Veränderung der Gesellschaft, die wir selbst herbeigeführt haben, die wir nicht aufhalten können und deren Folgen wir noch erleben werden. Stoff für einen Thriller sei das allemal, schreibt Schirrmacher, »denn ein Thriller ist so aufgebaut, dass ein Verhängnis seinen Lauf nimmt, wenn noch niemand etwas ahnt, und dass die ersten Ahnungen zerstreut werden von denen, die es besser wissen müssten, bis dann für alle alles zu spät ist«.

Das Drehbuch für seinen Thriller blättert Schirrmacher so auf: Schon 1979 warnte der Journalist Joachim Nawrocki in einem *ZEIT*-Dossier eindringlich vor dem Geburtenrückgang und der bereits unumkehrbaren Überalterung der Gesellschaft. »Seit 1970 sind zehn Millionen Kinder nicht geboren worden«, sagt dazu heute Karl Lauterbach, Gesundheitsexperte und SPD-Politiker. Damals freilich wollten Politikstrategen – wie in jedem Katastrophenfilm – von der düsteren Prognose nichts hören.

Zwei Mitarbeiter aus dem Amt des damaligen Bundeskanzlers Helmut Schmidt versuchten, der Warnung mit möglichst vielen Totschlagargumenten die Schärfe zu nehmen: Das »Gespenst vom sterbenden Volk« sei völkisch-kollektivistisches, archaisches Denken, antworteten sie Nawrocki in der *ZEIT*. Die fehlenden Kinder würden durch die Kinder der zugezogenen Ausländer ersetzt; in Deutschland sei es ohnehin zu eng; und wie solle man der Dritten Welt noch glaubwürdig zur Geburtenkontrolle raten, »wenn man im eigenen Land einer pronatalen Politik das Wort redet?«.

Aus heutiger Sicht erstaunt die Heftigkeit der Entgegnung, aber die Wucht dieser Ideologie wirkt bis heute fort. »Wer in der Bundesrepublik 1979 ein Kind rechtfertigen wollte«, analysiert Frank Schirrmacher, »musste erst Hitler, dann die Überbevölkerung, die Umweltverschmutzung, die Zersiedelung, die Abwasserwirtschaft und die Ausländerfeindlichkeit überwinden.«

Doch auch Schirrmachers Drehbuch fehlt leider das plastische, fühl- und vorstellbare Szenario für die kinderlose Altenrepublik. Wir stünden heute bereits an jenem Umschlagpunkt des Thrillers, an dem uns bewusst werde, dass es zu spät sei, die Katastrophe oder das Unglück aufzuhalten, schreibt er. Aber in Katastrophenfilmen gibt es immer ein Danach, manchmal sogar Rettung, und immer erwächst sie aus Einsicht. Wenn es gar keine Hoffnung mehr gäbe, den Trend in Deutschland aufzuhalten oder gar umzukehren, bräuchte niemand Artikel zu verfassen, niemand aufrüttelnde Romane zu fordern. »Was einst als der privateste aller privaten Entschlüsse galt, entwickelt sich jetzt vor den fassungslosen Augen der Beteiligten zu einem Politikum«, schreibt Schirrmacher über die Entscheidung für oder gegen Kinder. Ebendies aber darf einstweilen bezweifelt werden. Bisher bringt die große Mehrheit der Menschen ihre individuelle Familienplanung nicht mit der Zukunft der Gesellschaft in Verbindung. Dazu wird es weiterer Debatten bedürfen – und vor allem eines neuen Bewusstseins der Frauen. Vielleicht käme eine wieder erstarkende Frauenbewegung sogar als Rettung für das große Finale von Schirrmachers Thriller in Frage. Allerdings hätte sie dann gewiss auch ein paar Forderungen.

Bis zum Eintreffen der rettenden Bewegung ist jedenfalls noch Überzeugungsarbeit zu leisten, denn es fällt naturgemäß sehr schwer, ein scheinbar unsichtbares Problem wirklich ernst zu nehmen. Helfen können hier eventuell utopisch begabte Sozialwissenschaftler: Steffen Kröhnert, Nienke van Olst und Reiner Klingholz vom bereits erwähnten Berlin-Institut für Weltbevölkerung haben alle vierhundertneununddreißig Kreise der Bundesrepublik nach zweiundzwanzig Kriterien untersucht, welche die Bevölkerungsentwicklung, die Attraktivität und die

Entwicklungschancen der unterschiedlichen Regionen beeinflussen. Wie im Zeitraffer zeigt die Untersuchung verschiedene Großtrends:

Erstens entwickeln sich die Großstädte langsam, aber sicher zu kinderfreien Zonen, von Ausnahmequartieren wie dem Prenzlauer Berg in Berlin einmal abgesehen.

Zweitens verlassen junge Frauen massenhaft den Osten Deutschlands. Zurück bleiben in manchen Landkreisen Mecklenburg-Vorpommerns oder Brandenburgs arbeitslose, schlecht ausgebildete und sozial unterprivilegierte Männer.

Drittens ziehen die Deutschen aus den ländlichen Gebieten und aus wirtschaftlich schwachen Regionen in die Städte, vor allem in die sie umgebenden »Speckgürtel«. Die größten Wanderungsverluste machte das Institut im Ruhrgebiet aus, im Saarland, in Südniedersachsen, Nordbayern und im gesamten Osten.

Viertens vergreisen ganze Regionen: Schrumpfgebiete mit massiven Wirtschaftsproblemen wie Ostthüringen, Südwestsachsen und das Saarland werden schon im Jahr 2020 mehr als ein Drittel über Sechzigjährige haben, während es in Bayern, Baden-Württemberg und Niedersachsen noch etwas länger »junge« Regionen geben wird.

Fünftens wandern die Menschen vor allem aus der Mitte Deutschlands ab: »Von Sachsen über Thüringen bis zum Ruhrgebiet zieht sich eine regelrechte Schneise der Entvölkerung quer durch die Republik«, schreiben die Autoren. »Das sind jene Regionen, in denen vor nicht allzu langer Zeit die wichtigsten Industriegebiete der beiden deutschen Staaten lagen.« Zwischen den einzelnen Wirtschaftsregionen werde es hingegen zu einer Konkurrenz um junge, qualifizierte Mitarbeiter kommen.

Sechstens bilden sich, besonders im Osten, problematische Niedrigbildungssektoren mit zum Teil mehr als fünfzehn Prozent Hauptschulabbrechern heraus – das ist auch demografisch bedeutsam, weil unterqualifizierte und unterprivilegierte junge Männer seltener Familien gründen als durchschnittlich gebildete.

Siebtens diagnostizieren die Autoren ein Integrationsproblem von Zuwanderern: Die Neuankömmlinge zieht es fast ausschließlich in die Ballungszentren, wo sie unter sich bleiben.

Achtens – und dieser Punkt hat auf den ersten Blick fast etwas Romantisches – »renaturiert« Deutschland. In die verödeten Industriebrachen kehren längst verloren geglaubte Pflanzen- und Tierarten zurück: »Als spektakulärste Art hat sich nach der Wende der Wolf in der Lausitz wieder angesiedelt. Dort leben mittlerweile zwei Rudel. Anders als die Menschen in der Region«, heißt es in der Studie des Berlin-Instituts nicht ganz ohne Ironie, »verfügen sie über ausreichend Nachwuchs, so dass der Bestand als gesichert gilt.«

Wir müssen uns klar machen, dass *unser* Bestand nicht gesichert ist und dass es letztlich, so beängstigend das klingen mag, allein die jungen Frauen sind, und niemand sonst, die den Trend zur Entvölkerung noch verlangsamen können. Stoppen lässt er sich ohnehin nicht mehr vollständig, denn die Erwachsenen, die 2020 fehlen werden, *sind ja heute schon nicht geboren*. Natürlich haben die Frauen nachvollziehbare, oft gute Gründe, wenn sie kinderlos bleiben. Natürlich tragen die Männer ihren Teil zum Reproduktionsstreik bei. Ein wenig unerwartet und erschreckend aber ist der Gedanke an die unglaubliche Macht, die die Kontrolle über die »Reproduktionsmittel« heute bedeutet. Es wird schwierig sein, den Frauen überhaupt bewusst zu machen, dass sie diese Macht als Kollektiv wirklich besitzen – und vermutlich wird es fast unmöglich sein, sie zu einem gemeinsamen politischen Handeln zu bewegen.

Jedenfalls sollten wir für die Bewältigung oder Linderung der demografischen Krise auf keinen Fall den Weg einschlagen, den wir in der Umweltfrage gewählt haben: Es ist zwar dringend notwendig, »Betroffenheit« zu erzeugen – das Wort sei mir in diesem Fall verziehen –, wenn sich das individuelle Reproduktionsverhalten ändern soll. Auf keinen Fall aber darf mit Angst Politik gemacht werden.

Die Angst vor Atomkraft, vor dem Atomkrieg, vor Smog, vor Umweltkatastrophen war der Motor der erfolgreichen Ökologiebewegung in den siebziger und achtziger Jahren. Angst vor Kindermangel, besonders aber vor der Überalterung der Gesellschaft, wäre jedoch in zweifacher Weise kontraproduktiv: Zum einen ist gerade die Furcht vor unübersichtlichen Verhältnissen offenbar ein Grund, keine Kinder zu bekommen. Das zeigte der dramatische Geburtenrückgang im Osten Deutschlands nach der Wende – von 1,6 auf 0,8 Kinder pro Frau. Die Menschen wussten einfach nicht, was es für ihre Zukunft bedeutete, dass die eigene Gesellschaft über Nacht unterging, und waren lieber vorsichtig. Die gleiche Sorge wird deutlich in einer Forsa-Umfrage, die die Zeitschrift *Eltern* in Auftrag gegeben hatte und die im Frühjahr 2005 für Schlagzeilen sorgte: Danach bekamen vierzig Prozent der Kinderlosen und fünfundvierzig Prozent der Eltern keine oder keine weiteren Kinder, weil sie sich nach eigenen Angaben vor dem Verlust ihres Arbeitsplatzes fürchteten und in dieser unsicheren Lage kein Risiko eingehen wollten.

Außerdem neigen wir Deutschen in einer historisch zu häufig und aufs Grauenhafteste bestätigten Weise dazu, unsere

Ängste aggressiv auf andere, auf Sündenböcke zu lenken. Bei Demografiepanik würde sich dieser fatale Reflex vermutlich weniger auf die immer willkommeneren Einwanderer richten, vermutlich auch nicht unbedingt auf junge Singles – sondern auf die Alten. Schon heute ist eine Verschärfung im Ton zwischen den Generationen spürbar, die für die kommenden Jahre nichts Gutes verheißt: Der Rentner in den Medien zeigt, ähnlich übrigens wie die Hausfrau, die Zerrbildfratze des womöglich Golf spielenden Schmarotzers. Das ist doppelt ungerecht, weil es keinen Zweifel daran geben kann, dass die heutige Rentnergeneration ihren Teil des Generationenvertrags wahrlich erfüllt hat. Sie hat einerseits für die Rente ihrer alten Eltern gearbeitet und andererseits die nötigen Kinder produziert. Die Frauen des Jahrgangs 1935 waren die letzten, die es auf die erforderlichen 2,1 Sprösslinge brachten. Wir sind es, die Mittelalten und die Jungen, die bisher zwar die Rente für unsere Eltern erwirtschaften, aber für unsere eigene, dem Generationenvertrag gemäße Altersvorsorge zu wenig getan haben. Was wir heute nicht an Zeit, Geld und Liebe in Kinder investieren, zahlen diese Ungeborenen uns später auch nicht als Rente zurück. So einfach ist das.

Trotzdem sprechen wir in einer Art und Weise von »den Alten«, die uns selbst ganz unerträglich vorkommen wird, wenn wir einst dazugehören. Die Chefin des Kölner Büros gegen Altersdiskriminierung, Hanne Schweitzer, hat die altenfeindliche Haltung unserer Tage mit einem eindringlichen Bild sichtbar gemacht: Vielleicht, sagt sie, sollte man einfach gelegentlich die Begriffe »Alte« oder »Rentner« durch das Wort »Türke« ersetzen. »Die fröhlichen Türken – die jungen Verlierer« hätte dann die Überschrift in einem deutschen Magazin gelautet. Ein Kolumnist hätte von »den Türken« geschrieben, die »Deutschland im eisernen Griff« hielten. Ein Talkmaster hätte im Fernsehen die scherzhafte Frage gestellt, ob die deutsche Regierung »nicht das deutsche Volk von den Türken befreien« könne. Vielleicht hätte das Studiopublikum dann geschluckt statt gelacht.

Die Aggression, die Feindseligkeit der Jüngeren gegen Ältere hat wohl vor allem zwei Gründe: Zum einen sieht der Jüngere in den Alten das, was ihn selbst unweigerlich erwartet – und das macht ihn wütend auf den Überbringer der schlechten Nachricht. Zum anderen steht gerade hinter mancher journalistischen Aggression der Unwille, für die Rentner der Zukunft um den Preis des eigenen guten Lebens aufkommen zu müssen.

Es stimmt ja, dass alle Zahlen geschönt sind: Die Menschen haben im Kopf, dass drei Erwerbstätige für einen Rentner zahlen. Tatsächlich sind es heute schon nur mehr vierunddreißig Millionen aktive Beitragszahler und neunzehn Millionen Rentenempfänger, ein Verhältnis von eins zu 1,8. Bei ungebrochenem Geburtenrückgang, gleichbleibender Verrentungsneigung und gleichbleibender Arbeitslosenquote wird das Verhältnis schon weit vor 2050 eins zu eins sein – unhaltbar. Noch einmal: Das ist kein Argument für *ageism*, für Altersdiskriminierung, sehr wohl jedoch eines, das die Dringlichkeit der Nachwuchsfrage unterstreicht.

Autoren wie Frank Schirrmacher schüren – in aufrüttelnder Absicht, aber mit einer gewissen Fahrlässigkeit – die Angst vor der Altenfeindlichkeit, um sich dann mit Verve auf die Seite der Alten zu schlagen. »Im Krieg der Generationen sind Sie dabei«, schreibt Schirrmacher in seinem Buch *Das Methusalem-Komplott*. »Am Horizont der Zukunft baut sich eine der erbittertsten Streitmächte gegen die Alten auf, die es je gegeben hat. Sie marschiert auf uns zu, die wir heute 20, 30 oder 60 Jahre sind, denn wenn der Krieg beginnt, werden wir die Älteren sein. Und die Gesellschaft, die wir geschaffen haben, nimmt den Älteren alles: das Selbstbewusstsein, den Arbeitsplatz, eine Biografie.«

Doch auch Schirrmachers aufrüttelnde Prosa wird womöglich bloß die Furcht vor der vergreisenden Republik oder dem eigenen Älterwerden schüren, ohne eine Trendwende zum Besseren einzuläuten. Es fehlt weiterhin das Gefühl dafür, dass das eine unmittelbar mit dem anderen zu tun hat.

Sich mit mehr Kindern gegen die unerfreuliche Vision einer Gesellschaft zu wappnen, in der, wie Konrad Adam einmal in der *Frankfurter Allgemeinen Zeitung* schrieb, »die Rentner die Rentner bezahlen, die Alten für die Alten sorgen, Senioren die Senioren waschen und irgendwann die Toten die Toten begraben«, dieser Gedanke kommt den meisten Leuten offenbar nicht in den Sinn. Dabei haben Frauen noch mehr als Männer Grund darüber nachzudenken, denn sie sind, in der insgesamt alternden Gesellschaft, deutlich länger alt als die Männer. Die Lebenserwartung ist im vergangenen Jahrhundert um dreißig Jahre gestiegen, und sie steigt weiter, wobei immer die Frauen das Feld anführen. »Frauen, die heute 20 Jahre alt sind, können davon ausgehen, dass sie tatsächlich 100 werden«, sagt James W. Vaupel, der Direktor des Max-Planck-Instituts für demografische Forschung in Rostock. Die Männer sterben nicht nur früher, ein Teil von ihnen zeigt, wie Joschka Fischer, auch die leidige Neigung, mit fünfzig noch einmal ein ganz neues Glück mit einer Fünfundzwanzigjährigen zu suchen. Mag sein, dass sich mit wandelnden Rollenerwartungen ähnliche Möglichkeiten in zunehmendem Maße auch für ältere Frauen eröffnen, aber nach heutigem Erkenntnisstand sind Kinder auch, so brutal das klingt, eine Versicherung gegen die Einsamkeit des – überwiegend weiblichen – Alters.

Es gehört zu den Versäumnissen der Frauenbewegung, dass Frauen heute zwar sorgfältig und vorausschauend jeden einzelnen Schritt ihres Ausbildungs- und beruflichen Werdegangs planen, dabei aber diese große und länger werdende Phase ihres Lebens komplett ausblenden.

Hans-Werner Sinn, der Präsident des ifo-Instituts für Wirtschaftsforschung, macht vor allem die gesetzliche umlagefinanzierte Rentenversicherung für die schwindende Neigung zur Familiengründung verantwortlich. Sie sei eine »Versicherung gegen Kinderlosigkeit und die daraus entstehende Altersarmut«, schreibt Sinn: »Auch wenn man selbst keine Kinder hat, muss man im Alter nicht darben, weil man von den Kindern anderer Leute ernährt wird. Der gegenseitige Versicherungsschutz ist ein großer Vorteil für alle Beteiligten. Problematisch ist aber, dass diese Versicherung gegen Kinderlosigkeit die ökonomischen Gründe für den Kinderwunsch aus der Familienplanung ausblendet.«

Aus Sinns Sicht sind die Konsequenzen klar: Wenn das Umlageverfahren nicht länger funktioniert, weil zu wenig Beitragszahler nachwachsen, dann muss man das System auf private Vorsorge um- und die Kinderlosen steuerlich schlechter stellen – in der Hoffnung, die Alterssicherung funktionsfähig zu halten und den »Fehlanreiz« zur Kinderlosigkeit zu beseitigen. Diese Argumentation ist durchaus plausibel, und Sinn kann sich auf internationale Studien berufen, die nachweisen, »dass die Einführung und der Ausbau umlagefinanzierter Rentensysteme im Zeitraum von 1960 bis 1992 einen signifikanten negativen Einfluss auf Familienbildung und Geburtenziffern haben«.

Ist aber der Umkehrschluss – privatisiert nur die Vorsorge, und die Menschen werden sich wieder fortpflanzen – nicht doch zu mechanistisch? Wie hoch sollen denn die »Strafsteuern« für Kinderlose sein, damit ein gut verdienendes Akademikerpaar, das seine Freiheit liebt, sie nicht mehr aufbringen könnte? Es sind ja gerade nicht die wirtschaftlich Schwächsten, die massenhaft kinderlos bleiben, sondern jene, die die höchsten »Gewinne« durch Emanzipation und Individualisierung einstreichen konnten: Akademiker eher als Arbeiter oder Angestellte, frauenbewegungs-begünstigte Frauen eher als Bäuerinnen.

Im Prinzip müssten, wenn alle Deutschen so spitz rechnen und kalkulieren würden, wie Sinn meint, Frauen auch heute schon eigene Kinder für ihr langes, einsames Alter haben wollen. Und Paare müssten Söhne und Töchter in die Welt setzen für den vorhersehbaren Fall, dass die Sozialsysteme tatsächlich zusammenbrechen. Aber genau das tun sie nicht: Womöglich geht die Verdrängungsbereitschaft heute weiter, als Hans-Werner Sinn es sich vorstellt, und macht keinen Unterschied mehr zwischen umlagefinanzierter und privater Vorsorge – Hauptsache, man kann irgendwo einzahlen und muss weder um sein Ledersofa noch um seine Reisefreiheit oder den Sonntagsschlaf fürchten.

Massenhaft marschieren gut verdienende Akademiker in die überall wie Pilze aus dem Boden geschossenen Finanzdienstleistungs- und Versicherungsagenturen und lassen sich jeden freien Euro abschwatzen für ein Alter, von dem sie nicht einmal wissen, ob sie sich darauf freuen sollen – für einen tatsächlich Golf spielend verbrachten, kinderlosen, langen, langweiligen Vorruhestand vom sechzigsten Lebensjahr an. Diese Beratungsstrategie schädigt die Volkswirtschaft, denn sie bremst den Konsum. Sie ist ein Ablasshandel, der die eigene Kinderlosigkeit ein wenig camouflieren soll, und ihr liegt eine Milchmädchenrechnung zu Grunde, denn auch eine kapitalgedeckte Altersvorsorge hängt natürlich davon ab, dass es überhaupt noch eine Gesellschaft gibt, in der hinreichend viele junge, arbeitsfähige Menschen den Wohlstand erwirtschaften, der die Rentner ernährt. Sich ersatzweise mit outgesourctem Kapital auf junge, arbeitsfähige Menschen in China oder Indien zu verlassen, scheint mir überaus riskant.

Was wäre eigentlich, wenn all diese Finanzdienstleister in ihren unzähligen Beratungsterminen und Broschüren sagen und schreiben würden: »Wisst ihr was, Leute, behaltet erst mal euer Geld, und bekommt möglichst schnell ein, zwei Kinder! Das ist die beste Altersvorsorge, emotional für euch selbst, objektiv für die Gesellschaft. Und hier ist der Finanzierungsplan für Klein-Sabinchens Tagesmutter, ihre Chinesischstunden, ihr Auslandssemester in Oxford – und vergesst nicht, den Arbeitgeber zu verständigen, denn der zahlt in den Ausbildungsfonds ein …«

Es ist ja nur ein Tagtraum. Aber wenn all diese frei beweglichen, autonomen Agenten der Kapitalanlage genau so viel Energie und Fantasie in die Ermutigung junger Menschen zur Familiengründung wie in den Abschluss privater Rentenversicherungen stecken würden, müsste unser Land, kindermäßig, eigentlich anders aussehen.

So, wie die Dinge tatsächlich liegen, werden es wohl die Frauen sein, die darum kämpfen müssen, dass die Lage sich verbessert. Und es gibt, trotz aller Skepsis, wirklich ein Argument dafür, dass sie es womöglich tun: weil sie es können. Weil es niemanden mehr angeht als sie selbst, jede einzelne. Und weil ihre Fähigkeit, ganz individuell gegen die demografische Katastrophe anzukämpfen, obwohl sie eine Last sein mag, auch Macht bedeutet.

# WEGE ZUM KIND UND DEUTSCHE BESONDERHEITEN

*Rosie und ich · Kinder als Kopfgeburt · Deutsche Besonderheiten I: Ordnungsdenken · II: Mutterbild der Nazizeit · III: Misstrauen gegen staatliche Kinderbetreuung · IV: Selbsthass und Dauer-Identitätskrise*

Meine Freundin Rosie kenne ich seit meinem zehnten Lebensjahr. Wir gingen in eine Klasse, wir saßen immer nebeneinander, wir entwickelten beide die altersangemessene Leidenschaft für aromatisierte Teesorten. Auf unserer Schule gehörten wir zu den wenigen, die mit der SPD sympathisierten. Sie hatte den besseren Musikgeschmack: Joe Cocker, Leonard Cohen, die Beatles, Joan Baez, also Klassiker. Ich musste mit einiger Gewalt von Abba entwöhnt werden. Wir gingen auf ein altsprachliches Gymnasium, weil ihr Vater und meine Mutter dort auch schon zur Schule gegangen waren. Rosie dachte pragmatisch und lernte als dritte Fremdsprache Französisch, mir gefiel die überall in meinem Freundeskreis entsetzt kommentierte Nutzlosigkeit von Altgriechisch.

Sie war diejenige, die früh bei den Jungs ankam. Sie hat tiefbraune Augen und dunkle Haare. Schon als Kind war sie extrem sportlich, dazu witzig, charmant, schlagfertig. Ich fühlte mich nie so attraktiv, aber irgendwie schaffte ich es, ihr ihre Erfolge an der Männerfront nicht allzu übel zu nehmen. Als wir fünfzehn waren, hatte sie ihren ersten langfristigen Freund, der viel älter war als sie – unvorstellbare zwanzig Jahre alt. Er hieß Andreas, und sie hatte ihn beim Wasserball kennen gelernt. Die beiden schleiften mich freundlicherweise gelegentlich mit in die Kneipe, und so hatte ich Gelegenheit, mich davon zu überzeugen, dass Andreas ein unheimlich attraktiver Typ war: dunkel, gut aussehend, sportlich, freundlich, witzig; er war zwei Jahre bei der Bundeswehr gewesen und machte gerade eine Ausbildung zum Modellbauer.

Hätten wir uns in einem anderen Bildungsmilieu oder einer anderen Zeit befunden, hätten die beiden vielleicht ein paar Jahre später geheiratet. Rosie hätte eine Ausbildung abgeschlossen oder auch nicht, hätte vielleicht mit Anfang zwanzig Kinder bekommen, würde ganz anders leben als heute.

Doch das alles stand selbstverständlich gar nicht zur Debatte. Mag sein, dass Andreas darüber nachgedacht hat – seine Lebenssituation war ja auch anders als unsere. Er fing gerade an zu arbeiten, verdiente eigenes Geld, hatte eine eigene Wohnung – und er liebte Rosie. Aber er war einfach der richtige Typ zur falschen Zeit. Für uns war sonnenklar, was wir zu tun hatten: Abitur machen, Ausbildung oder Auslandsjahr, Studium, Beruf, dann mal weitersehen. Heirat und Kinder kamen kaum vor, wenn wir gelegentlich über die Zukunft sprachen. Männer ja, aber nicht unter Langfrist-, sondern unter Augenblicksgesichtspunkten.

Rosie ließ sich nach dem Abitur zunächst zur Industriekauffrau ausbilden. Ich fing an zu studieren, zwei Semester Jura, was ich unerträglich fand, danach das schöne klassische Frauenfach Anglistik. In einer politischen Hochschulgruppe lernte ich Thorsten kennen und verliebte mich während einer langen Nacht in ihn, in der die Stimmen für die Wahl zum Studentenparlament ausgezählt wurden. Thorsten war vier Jahre älter als ich und mit seinem Informatikstudium fast fertig, als ich an die Uni kam. Er war nett, lustig, warmherzig, *outdoor-minded*, England-interessiert und überhaupt kein Computerolm. Eine schöne Beziehung aus meiner Sicht. Nach einem halben Jahr zogen wir in eine gemeinsame Wohnung, und wieder hätte die Beziehung einen klassischen Verlauf nehmen können: Er macht Diplom, wir heiraten. Oder: Er macht Diplom, ich studiere noch schnell zu Ende, wir heiraten. Ich glaube, er hätte mich damals vielleicht ganz gern geheiratet, er war katholisch, er mochte Kinder, er wollte welche haben. Aber das waren für mich Überlegungen aus einer anderen Welt – schließlich steckte ich mitten im Qualifikationsleitersprossenspiel: erst mal die Zwischenprüfung machen, dann Examen, dann vielleicht promovieren, nebenbei Politik. Was um Himmels willen hätte ich mit einer Familie anfangen sollen? Nicht einmal im Ansatz verspürte ich so etwas wie einen Kinderwunsch. Thorsten sagte dazu nichts, und im Grunde hatte er dazu auch nichts zu sagen: Es war meine Entscheidung, mein Leben.

Rosie studierte inzwischen an der Fachhochschule Maschinenbau. Sie wohnte mit einem Biologen zusammen, der biografisch in einer ähnlichen Lage war wie Thorsten: im Prinzip auf dem Sprung ins bürgerliche Erwachsenenleben – aber nicht mit Rosie.

Als wir beide dreiundzwanzig waren, trennten sich unsere bis dahin so parallel verlaufenen Entwicklungswege. Ich hatte einen neuen Freund und wurde, dank der vorerwähnten feministischen Verhütungsmethoden, nach drei Monaten schwanger. Das war eine extrem eigenartige Situation für mich, die sich nie etwas aus »Familie« gemacht hatte, und passte ganz und gar nicht zum »erst mal«-Prinzip, wonach Kinderkriegen eine Leitersprosse ist, die man definitiv erst nach allen Examina und nach gelungenem Berufseinstieg erklimmt. Gleichzeitig stellte ich fest, dass theoretisch über Kinder nachzudenken und praktisch schwanger zu sein einen dramatischen Unterschied bedeutet: Während ich mich politisch immer vehement für ein liberales Abtreibungsrecht eingesetzt hatte, fand ich es nun eine scheußliche Vorstellung, tatsächlich einen Abbruch vornehmen zu lassen. Das war keine große moralische Frage: Ich fand es einfach traurig, deprimierend, irgendwie versagermäßig. Trotzdem hätte ich mich wohl nicht auf eine Karriere als Alleinerziehende eingelassen. Insofern war es spannend, was mein noch sehr neuer Freund zu dieser Entwicklung sagen würde. Im Gegensatz zu Thorsten und zu Rosies Biologen arbeitete er bereits bei der Landesregierung, hatte aber, was uns anging, wohl eher an ein bisschen Spaß gedacht als an eine überstürzte Familiengründung. Uns wurde sehr schnell klar, dass die zentrale Frage, die es zu entscheiden galt, lautete: »Können wir uns denn vorstellen zusammenzubleiben? Für einen nahezu unvorstellbar langen Zeitraum, nämlich immer?« Wir konnten, und deshalb konnten wir auch das Kind behalten. Mir half, dass Rosie sagte: »Mach es doch einfach, das schaffst du schon.« Ihm half, dass eine ältere, weise Kollegin sagte: »Mach es – es gibt sowieso keinen richtigen Zeitpunkt dafür.«

Tatsächlich war das ein guter Rat, auch über das Anekdotisch-Persönliche hinaus, denn meine »Opportunitätskosten« waren zu diesem Zeitpunkt gering. Ich studierte noch, ich musste nicht auf Einkommen verzichten, ich hatte keine Probleme mit dem beruflichen Wiedereinstieg, Seminare und Examensarbeit waren mit Disziplin, selbst organisierter gegenseitiger Kinderbetreuung im Freundeskreis und elterlicher Hilfe zu schaffen. Dass das Leben mit Kleinkind bisweilen chaotisch ist, hat mich damals, in vergleichsweise wilden Studienzeiten, weniger angefochten, als es mich heute irritieren würde. Voraussetzung für das Gelingen dieses Modells war allerdings, dass einer von uns bereits Geld verdiente. Ich bin nicht sicher, wie gut ich das Ganze mit zwei BAföG-Sätzen ertragen hätte. Und darin lag natürlich auch eine Gefahr: nämlich die, dass ich mich in der Hausfrauenrolle einrichtete. Doch dafür war meine Karrierekonditionierung doch zu stark.

Bei mir war also alles sehr früh geregelt. Rosie hingegen machte, während ich mich mit Spucktüchern, Windeln und letzten Wiederholungen für Mittelenglischklausuren beschäftigte, eine teils glückliche, teils weniger glückliche Phase des Singletums durch. Ingenieure hatten es Mitte der neunziger Jahre extrem schwer, einen Job zu finden, und es war bereits vollkommen klar, dass man der Arbeit hinterherziehen musste, in Rosies Fall allerdings bloß von Kiel ins Hamburger Umland, wo sie in einem kleinen Industrie- oder großen Handwerksbetrieb verantwortlich war für den Spritzguss des Plastikgehäuses ausziehbarer Hundeleinen.

In diesem Milieu herrschte noch nicht die optimistische, offene Frauenförderatmosphäre, wie wir sie aus Schule und Studium kannten. Bis zu den »familienfreundlichen Maßnahmen im Handwerk«, die der Zentralverband des Deutschen Handwerks heute zusammen mit dem Bundesfamilienministerium propagiert, war es noch ein weiter Weg. Rosies Chef hielt sich schon für wahnsinnig fortschrittlich, weil er überhaupt eine Ingenieurin einstellte, ließ sie kaum einen Arbeitsschritt allein machen, stellte ihre Entscheidungen in Frage und verwendete offenbar seine gesamte Vorgesetztenenergie darauf, sie zu verunsichern. Nach der Probezeit verkündete er ihr in einem Ton, als hätten sich seine berechtigterweise düsteren Erwartungen erfüllt, das werde wohl nichts mit ihnen beiden.

Für Rosie hieß das nach ein paar Monaten wieder: Umzug, diesmal nach Hannover. Diese negative erste Berufserfahrung entmutigte sie, und gleichzeitig war die Arbeitsmarktsituation in ihrem Fachgebiet so katastrophal, dass es vernünftig schien, noch einmal den Beruf zu wechseln. Wie viele in den Neunzigern sattelte auch Rosie um – auf Beraterin für eine große Versicherungs- und Finanzdienstleistungsfirma. Das bedeutete wieder: Lernen, Schulungen, Fortbildungen, harte Aufbauarbeit, kaum ein Wochenende zu Hause. Sehr viel Zeit für eine Partnerschaft blieb ihr nicht, aber ich glaube, dass ihr das Singledasein zu diesem Zeitpunkt wenig ausmachte.

Im Gegenteil, sie hatte junge, feierfreudige Kollegen, sie knüpfte wie immer leicht Kontakte, sie trieb weiterhin Sport. Sie hatte das spannendere Leben, so schien es mir häufig, wenn ich abends mit Kind und Mann zu Hause saß und mich fragte, ob das jetzt alles gewesen sei. Dann muss irgendeine ihrer Beziehungen schrecklich schief gegangen sein: ein Mann, in den sie sich unsterblich verliebte, der sich aber nie richtig entscheiden konnte, mal dies wollte und mal das und am Ende eine andere Frau. Rosie spricht bis heute nicht schlecht von ihrer großen Liebe – was hier so feindselig klingt, ist allein mein Freundinnenzorn.

Nach dieser Erfahrung wurde sie nervös. Häufig sprach sie davon, dass sie gern Kinder hätte, und begann, sich offensiver nach einem Mann fürs Familienleben umzuschauen. Spaßeshalber nutzte sie auch Kennenlernangebote für Singles – von *blind dinners* bis zu Kontaktanzeigen –, um den Markt zu sichten. Dabei bestätigte sich leider tendenziell die aus Frauenromanen bekannte These, dass die Männerauswahl jenseits der dreißig nahezu indiskutabel ist: Die Netten, die Thorstens, die Andreasse sind alle längst verheiratet. Übrig bleiben diejenigen, die sich nicht festlegen mögen und ihre Freiheit mit Klauen und Zähnen verteidigen. Und natürlich die absoluten Zumutungen, über die wir gar nicht weiter zu reden brauchen. Auf dem sehr engen Heiratsmarkt wirkt zudem der auch nur erahnbare Kinderwunsch wie ein peinlicher Ausschlag. Heute kann man in der Beziehungsanbahnung nichts schlimmer vermitteln als den Eindruck, jemanden zu brauchen.

Rosies Problem löste sich bemerkenswerterweise schlagartig, sobald sie beschlossen hatte, es zur Not alleinerziehend zu versuchen: Binnen weniger Monate war sie verliebt, wurde heftig wiedergeliebt und nach minimalem Gerangel um Lebensentwürfe schwanger. Sicher musste ihr dafür der Richtige über den Weg laufen, aber offenbar konnte das erst passieren, nachdem die zwischenzeitlich alles überschattende Nachwuchsfrage ausgeräumt war.

Rosies Kind ist vierzehn Jahre später zur Welt gekommen als unsere Tochter. Rosie ist jetzt achtunddreißig Jahre alt – für Akademikerinnen ein normales Erstgebärendenalter. Ihr Lebensweg ist inzwischen der Trend, meiner die Ausnahme. Ihre Opportunitätskosten wären höher als meine damals, wenn sie heute als Mutter zu Hause bliebe. Aber davon kann ohnehin keine Rede sein, schließlich ist sie selbständig. Für Rosie wird es sehr darauf ankommen, dass sie eine gute Babybetreuung findet – und wie partnerschaftlich sich ihr Freund verhält, denn beide Großelternpaare leben einige hundert Kilometer weit entfernt. Vielleicht wird es sie mehr anstrengen, nachts durch Babygeschrei geweckt zu werden, als mich vor vierzehn Jahren. Anderseits hat sie eine unverwüstliche Fetenkondition.

Ehrlich gesagt bin ich froh, dass ich das, was Rosie noch bevorsteht, hinter mir habe. Allerdings besuchte mich neulich meine Freundin Tanja, wie ich Mutter einer Vierzehnjährigen. »Hast du eigentlich mal über ein zweites Kind nachgedacht?«, fragte sie am Ende eines weinseligen Abends. Ich sah sie entgeistert an: »Jetzt noch?« – »Vielleicht würde es uns jünger machen«, sagte sie.

»*Man* beschließt nicht, Kinder zu bekommen, sie beschließen, geboren zu werden«, heißt es in dem Roman *Der Mühlstein* von Margaret Drabble. Doch so anrührend dieses Bild von der Schicksalhaftigkeit des Nachwuchses auch sein mag: Seit Verhütungsmittel frei verfügbar sind – die Pille kam 1962 auf den deutschen Markt –, stimmt es kaum noch. Eher hat die Berliner Soziologin Beate Clausnitzer Recht: »Wir setzen Kinder nicht mehr einfach in die Welt«, schrieb sie in der *ZEIT*, »wir setzen sie uns in den Kopf – oder wollen keine. Nie war das so wörtlich zu verstehen wie heute, da wir immer weniger mit realen Kindern als vielmehr mit der Idee von einem Kind schwanger gehen. Wir erleben ein Kind tatsächlich von Anfang an als Kopfgeburt.«

Gewiss wohnt den beiden Geschichten, Rosies und meinem Weg zum Kind, ein gewisses Maß an Zufall inne. Neben dem Zufälligen aber geht es hauptsächlich um Planung, Vernunft, Kontrolle über die eigenen Lebensverhältnisse und Verhandlungen mit dem hoffentlich richtigen Partner. Ich glaube, dass diese Spur interessant ist für die Beantwortung der Frage, warum wir uns hierzulande so lange als Avantgarde des europäischen Geburtenrückgangs betrachten mussten. Inzwischen sind wir auf diesem zweifelhaften Spitzenplatz übrigens durch die osteuropäischen Staaten abgelöst worden – nicht etwa weil bei uns wieder mehr, sondern weil dort noch weniger Kinder geboren werden. Armenierinnen und Tschechinnen haben allerdings auch verständliche Gründe, mit der Familiengründung erst einmal vorsichtig zu sein: Schließlich ist ihnen, wie den Bewohnerinnen der Ex-DDR, vorübergehend ihre Gesellschaftsordnung abhanden gekommen.

Warum aber wir? Wir leben seit sechzig Jahren in Frieden, verglichen mit tschechischen Löhnen sieht selbst unsere Sozialhilfe ganz passabel aus, die politischen Verhältnisse sind stabil. Verschiedene Erklärungsmöglichkeiten kommen in Betracht.

Da könnte zum einen jener typisch deutsche Ordnungssinn, den man uns im Ausland karikierend zuschreibt, eine Rolle spielen. Der große, von den Nazis verfolgte deutsche Soziologe Norbert Elias hat dieses Phänomen historisch aus dem Umstand erklärt, dass Deutschland als verspätete Nation und als verspätete Demokratie lange ein Land des »Fremdzwanges« geblieben ist, bevölkert von »verspätet« zivilisierten Individuen mit nur schwachem verinnerlichtem »Selbstzwang«, im Gegensatz zu den liberalen angelsächsischen Bürgergesellschaften. Die Deutschen brauchten, so Elias, starke Gesetze, Obrigkeiten, Regeln und Hierarchien, um friedlich miteinander umzugehen. Beamtentum und Militär waren klar strukturiert, mit überschaubaren, planbaren, berechenbaren Karrierewegen. Und offenbar hat sich das Stufendenken dieser Bereiche weitgehend auf unsere Ausbildungskarrieren, vor allem auf das Hochschulstudium, übertragen.

Die sozialdemokratische Bundesfamilienministerin Renate Schmidt hat in Diskussionen und bei Pressekonferenzen häufig auf eine weitere Spur hingewiesen: Es sei auffällig, sagt sie, dass sich extremer Kindermangel besonders in jenen europäischen Ländern zeige, die, wie Deutschland, einst unter faschistischer Herrschaft standen: Tatsächlich waren es zunächst Italien, Spanien und Griechenland, die die Deutschen in den achtziger Jahren an Fortpflanzungszurückhaltung noch überboten. Seit der Jahrtausendwende haben Armenien, Tschechien und Russland noch größere Probleme.

Doch wie könnte der Zusammenhang zwischen Faschismus und Kinderlosigkeit aussehen? Und wenn es einen gibt, warum wirkt er dann Jahrzehnte später immer noch so stark, dass er konkurrierende Motivationen, zum Beispiel den Katholizismus in Süddeutschland, Italien und Spanien überlagert? Die Naziideologie war doch gerade darauf gerichtet, Frauen aus der öffentlichen Sphäre zu verdrängen, sie politisch zu entrechten, ihnen den Arbeitsmarkt zu verschließen und sie auf ihre Mutterfunktion zu reduzieren. »Das Ziel der weiblichen Erziehung hat unverrückbar die kommende Mutter zu sein«, lautete der wichtigste Grundsatz der nationalsozialistischen Frauenpolitik. Und jede Erwägung zur Bevölkerungspolitik wird für immer von Adolf Hitlers Satz aus *Mein Kampf* überschattet sein: »Das Recht der persönlichen Freiheit tritt zurück gegenüber der Pflicht zur Erhaltung der Rasse.« Die Erinnerung an diesen Wahnsinn macht es uns heute nahezu unmöglich, die vielfältigen Einzelentscheidungen gegen Kinder im Ergebnis auch als politisches Faktum zu sehen – selbst wenn wir uns tausendmal versichern, dass es inzwischen ja nicht um die Erhaltung der »Rasse« gehen soll, sondern um so moderne Dinge wie Wirtschaftskraft, Rentenversicherung oder einen fröhlichen Gegentrend zur alternden Gesellschaft.

Vielleicht hat die Naziideologie also fortgewirkt in Gestalt einer Abstoßungsreaktion: Auch dies, die Gebärmaschinenrolle für Frauen, sollte es, wie Totalitarismus, Krieg und

Völkermord, »nie wieder« geben. Wahrscheinlich aber ist der Zusammenhang noch perfider: Gerade in Deutschland haben Frauen ihre vermeintlichen Haushalts-, Mutter- und Erziehungspflichten wohl sehr stark verinnerlicht – was sich an der unausrottbaren Rabenmuttermetapher zeigt, um die hierzulande bis heute mit schöner Regelmäßigkeit gestritten wird, während andere Länder sie weder kennen noch verstehen. Im Januar 2005 zum Beispiel nahm die CDU-Vorsitzende Angela Merkel die berufstätigen Mütter öffentlich vor dem Rabenmuttervorwurf in Schutz. Das Bild, dies sei hier nur am Rande angemerkt, ist übrigens falsch, wie die *Frankfurter Allgemeine Zeitung* dankenswerterweise in einem ausführlichen Beitrag klarstellte: »Kolkraben, die in lebenslanger Ehe zusammenleben, kümmern sich geradezu aufopferungsvoll um ihre Jungen«, schreibt Carl-Albrecht von Treuenfels und vergisst nicht, besonders darauf hinzuweisen, wie stark sich *Rabenväter* an der Aufzucht der Kleinen beteiligen.

Ob falsch oder nicht: Kann es sein, dass viele in Deutschland an das Rabenmutterbild glauben und dass gerade gut gebildete Frauen zwischen zwanzig und vierzig, die ja unbestreitbar auf beruflichen Erfolg programmiert sind, deshalb den zu erwartenden inneren Konflikt oft zulasten der Fortpflanzung lösen? Eben weil sie keine »Rabenmütter« sein wollen, weil sie ihr schlechtes Gewissen vorausahnen – während ihnen die Gesellschaft ein schlechtes Gewissen wegen *Kinderlosigkeit* kaum oder bisher nur in sehr abstrakter Form einredet? Das wäre ein fatales Erbe der Nazizeit, allerdings keines, das sich auf Knopfdruck beseitigen lässt oder einfach verschwindet, wenn politische Akteure nur oft genug »Vereinbarkeit von Familie und Beruf« sagen.

Offenbar sind sehr viel Zeit und Behutsamkeit notwendig, um solche unreflektierten und in die Erinnerung eingeprägten »Werte«-Sedimente oder Einstellungen abzutragen. Die heute fortpflanzungsrelevanten Frauenjahrgänge haben zudem vielfach das Gleiche erlebt wie ich: eine Mutter, die immer für sie da war und ihnen gleichzeitig die Tür in eine fast unbegrenzte Freiheit offen hielt. »Den dreißig- bis vierzigjährigen Frauen in Westdeutschland fehlt das Rollenvorbild«, schreiben Anke Dürr und Claudia Voigt im *Spiegel*. »Kam man mittags von der Schule, stand das Essen auf dem Tisch. Während vor allem Mittelschichtmütter ihren Töchtern in den Siebzigern das traditionelle Modell vorlebten, predigten sie ihnen das Gegenteil: Macht Karriere! Macht euch unabhängig von einem Ernährer! Diesen Widerspruch versuchen die Töchter nun zu leben.«

Übrigens nicht nur in Deutschland, sosehr wir uns gern wegen unserer schlecht ausgebauten Kinderbetreuungs-Infrastruktur und unserer historischen Komplexe geißeln: Die Krimis der Schwedin Liza Marklund sind voll von Szenen, in denen die Heldin, Journalistin und Mutter Annika Bengtzon, verzweifelt zum Kindergarten hetzt, wo ihre Sprösslinge wieder einmal viel zu lange haben ausharren müssen. Und die Finnin Lena Lehtolainen lässt ihre Kommissarin Maria Kallio auch erst einmal Erziehungsurlaub nehmen, weil Beruf und Kleinkinder in ihrem Fall eben nicht unbegrenzt vereinbar sind. Die Autorin kann selbst ein Lied davon singen: Sie schreibt ihre Bücher zu Hause und muss ihre kostbare, ungestörte Arbeitszeit häufig gegen die spontanen Bedürfnisse ihrer Kinder verteidigen.

Es mag darüber hinaus noch einen weiteren, durchaus ehrenwerten Grund dafür geben, dass »Vereinbarkeit von Familie und Beruf« als bevölkerungspolitische Zauberformel nicht ausreicht und die Deutschen sich staatlicher Kinderbetreuung immer noch mit Misstrauen nähern: Die Ganztagsschule, deren flächendeckende Einführung die rot-grüne Bundesregierung als familienpolitisches Allheilmittel verkauft hat, wird ja nicht von allen Eltern begeistert begrüßt. Eine relevante Minderheit sieht in der Ganztagsschule nicht nur eine erfreuliche neue Dienstleistung, sondern auch einen Eingriff in ihr Recht, die eigenen Kinder selbst zu erziehen. Ist das nur reaktionär? Oder kommt darin auch ein wenig die kollektive Erinnerung an die traurige Tatsache zum Ausdruck, dass zwei Diktaturen auf deutschem Boden systematisch versuchten, die staatlichen Erziehungsinstitutionen gegen die Privatsphäre der Familie zu instrumentalisieren und die Kinder gegen ihre Eltern in Stellung zu bringen? »Diese Jugend, die lernt ja nichts anderes als deutsch denken, deutsch handeln«, sagte Adolf Hitler in einer Rede im Jahr 1938. »Und wenn nun dieser Knabe und dieses Mädchen mit ihren zehn Jahren in unsere Organisationen hineinkommen und dort nun so oft zum ersten Mal überhaupt eine frische Luft bekommen und fühlen, dann kommen sie vier Jahre später vom Jungvolk in die Hitlerjugend, und dort behalten wir sie wieder vier Jahre, und dann geben wir sie erst recht nicht zurück… Sie werden nicht mehr frei, ihr ganzes Leben.« Der historische Nachhall, der schwarze Schatten am Rande der Erinnerung muss wohl bis heute eine Wirkung haben. Der Grund für solche Befürchtungen ist seit Jahren weggefallen, aber ein Rest Misstrauen ist geblieben.

Eine zusätzliche deutsche Besonderheit stellt gewiss der gewaltige Aufschwung der Nachkriegsjahre dar, der das Alleinernährermodell ökonomisch überhaupt erst möglich machte. Die heutige Debatte, die sehr stark darauf zielt, allen Frauen Chancen zur Erwerbstätigkeit zu verschaffen – indem die Kinderbetreuung verbessert und die Unternehmen zu familienfreundlicher Arbeitszeitgestaltung animiert werden – negiert häufig den Aspekt, dass eine Hausfrauenexistenz historisch nicht immer Unterdrückung, sondern auch Befreiung aus körperlich schwerer Industriearbeit bedeuten konnte, weil endlich im Lohn des Mannes die reproduktive Arbeit der Frau gleichsam mit abgegolten wurde. Diese klassische Hausfrauenehe ist vollkommen in die Defensive geraten und aller Wahrscheinlichkeit nach als Modell nicht wieder zu beleben. Gleichwohl bleibt ein Rest von Unbehagen, bleiben vor allem Zweifel an der Wirksamkeit einer Politik für mehr Kinder, die den gesamten häuslichen Bereich den Prinzipien der Arbeitswelt unterwirft.

Es gibt noch einen Punkt, der uns von kinderreicheren Ländern wie Frankreich oder den USA unterscheidet und der sich zum Teil ebenfalls als Spätfolge der nationalsozialistischen Katastrophe erklären lässt: Als Nation mögen wir Deutschen uns nicht besonders, anständigerweise vielleicht. Da wir zugleich aber immer besonders gründlich sein müssen, gründlicher als alle anderen, sind wir dann auch gleich Weltmeister der Selbstgeißelung. Kein anderes Land hat beispielsweise ein mittelprächtiges Abschneiden bei der PISA-Studie so lustvoll ausgekostet wie Deutschland. Aus diesem Grund ist die neoliberale Wende, die der politische Diskurs in allen Industrienationen vor fünfzehn, zwanzig Jahren genommen hat, bei uns besonders drastisch ausgefallen. In Amerika können Kapitalisten für Lohndumping sein, für längere Arbeitstage, kürzere Ferien und eine Aufhebung des Kündigungsschutzes, ohne ihr Land herabzusetzen. In Deutschland aber wird das gleiche politökonomische Programm seit etwa zehn Jahren von einem Krisengerede begleitet, das seinesgleichen sucht: Permanent scheinen wir vor dem Abgrund zu stehen, drohen der Staatsbankrott oder der Zusammenbruch der Sozialversicherungssysteme. Es gibt, auch in den Medien, eine ausgeprägte Lust am möglichen Untergang des Landes.

Dieser Trend der Berichterstattung macht den Menschen Angst, auch wenn sie selbst vielleicht nicht arbeitslos oder von Arbeitslosigkeit bedroht sind, wenn sie ein Haus besitzen und zweimal im Jahr in den Urlaub fahren. Amerikaner würden mit großer Selbstverständlichkeit darauf setzen, dass sie ihre Probleme mit Fleiß und Mut meistern können, ja, dass sie geradezu ein Recht darauf haben, sie zu meistern. Deutsche hingegen verfallen gern in Depressionen. Die aber sind eine schlechte Voraussetzung für bewusstes Umsteuern, sei es durch die Ausrufung einer neuen Frauenbewegung, die Aushandlung eines neuen Geschlechtervertrags oder die Gründung einer neuen Familie.

# DIE AVANTGARDE DER KINDERLOSEN

*Frauenbewegung für Privilegierte · Das »erst mal«-Prinzip in der Bildung · Aufgeschoben ist aufgehoben · Der akademische Heiratsmarkt · Der falsche Partner · Trendsetter*

Die Frauenbewegung der sechziger und siebziger Jahre war, wie die Studentenbewegung, eine Veranstaltung für Gebildete: für Menschen, die Spaß am Umgang mit komplizierten Texten hatten und ausreichend Zeit für politische Debatten. Wen die große Bildungsreform dieser Zeit nicht erreicht hatte, musste hingegen kaum befürchten, vom Feminismus beeinflusst zu werden. Die politisch erkämpfte rechtliche Gleichstellung, wie etwa gleicher Lohn für gleiche Arbeit, gilt zwar für alle Frauen – doch was, wenn eine Frau sich selbst beschränkt oder beschränken muss auf die klassischen schlecht bezahlten »Mädchenberufe« wie Friseurin, Bürokauffrau, Arzthelferin? Noch immer tummeln sich, trotz insgesamt besserer Schulabschlüsse, siebzig Prozent aller berufstätigen Frauen in einem engen Ghetto von zehn bis zwölf mehr oder weniger perspektivlosen Berufen. Dass das Durchschnittseinkommen von Frauen in Deutschland im Jahr 2005 noch immer nur fünfundsiebzig Prozent desjenigen der Männer erreicht, liegt nicht in erster Linie an rechtswidrigen Praktiken der Arbeitgeber, sondern an der Berufswahl der Frauen. Die »Software« der Emanzipation, das neue Rollenbild, das Selbstbewusstsein im Umgang mit Männern kommt also hauptsächlich der weiblichen »Mittelschicht plus« zugute. Die übrigen Frauen, jene, die von der Bildungsexpansion nicht profitieren konnten, erreicht höchstens vulgärfeministisches Sickerwasser, das ihnen aus Frauenzeitschriften und Soaps entgegentropft: Niemand braucht sich vom Ehemann verprügeln zu lassen; der Freund könnte auch mal abwaschen; jede Beziehung lässt sich bis in die Nachmittagstalkshow hinein psychologisieren.

Für Frauen mit schlechter Schulbildung und entsprechenden Jobaussichten hat sich in puncto Familienplanung nicht viel geändert – in ihrem Milieu spielt der abschichtende Ordnungsfanatismus der Akademikerinnen kaum eine Rolle. Wenn ein Kind kommt, kommt es eben; bei der Arbeit als ungelernte Küchenhilfe in der Großküche verpasst eine Frau nicht so viel. Und wenn sie in die Disco möchte, gibt es in der Regel ein Netzwerk aus Müttern, Schwestern und Freundinnen, die das Baby schon mal hüten.

Für Studentinnen sieht die Sache vollkommen anders aus: Ihnen wurde erstens auf ihrem bisherigen Bildungsweg eingebläut, dass das Einzige, was ihnen in der angespannten Arbeitsmarktlage zum Durchbruch verhelfen könne, Zusatzqualifikationen seien: HiWi-Jobs, Praktika, Auslandssemester, vielleicht auch politisches, soziales oder kulturelles Engagement. Das kostet Zeit. Zweitens haben sie alle die ordentliche deutsche Bildungskarriere verinnerlicht: schön eins nach dem anderen. Sie studieren nach dem »erst mal«-Prinzip: erst mal das Grundstudium, erst mal die Zwischenprüfung, erst mal der Studienortwechsel, erst mal Examen, erst mal beruflich Fuß fassen, erst mal in der Altbauwohnung die Dielen abziehen, erst mal den richtigen Partner finden. Und zwischendurch, permanent: erst mal Spaß haben. Was ja auch vollkommen in Ordnung ist.

Das Hochschulstudium beenden Absolventinnen bei uns mit durchschnittlich 28,5 Jahren. Das Durchschnittsalter für das erste Kind liegt heute rund fünf Jahre höher als 1960, nämlich bei knapp dreißig Jahren. Die Akademikerinnen dürften das ihre zu dem hohen Altersdurchschnitt beitragen: Bei ihnen verschiebt sich die Familiengründung gut und gerne noch einmal um fünf Jahre nach hinten, verglichen mit den mittleren und niedrigen Bildungsgruppen.

Das muss überhaupt kein Problem sein – wenn am Ende alles so wunschgemäß verläuft wie bei meiner Freundin Rosie. Die Lebenserwartung steigt immer weiter, und wer keine Gesundheitsprobleme hat, kann die Kinderphase natürlich später im Leben einplanen. Andererseits scheinen sich die Demografen weitgehend einig zu sein, dass das lange Zuwarten in Sachen Kind Risiken birgt: »Der Weg in die Kinderlosigkeit führt meist über das wiederholte Aufschieben der Geburt des ersten Kindes«, versichern die Forscher des Bundesinstituts für Bevölkerungsforschung. Auch die Gießener Familienwissenschaftlerin Uta Meier warnt: »Aus temporär gewollter Kinderlosigkeit wird endgültige, ungewollte Kinderlosigkeit.«

Ein wenig klingen solche Warnungen wie eine Umkehrung dessen, was die engagierte Lehrerin Miss Heald ihrer hoffnungsvollen Schülerin Betty Bawtry gepredigt hatte. Damals war es um Bedürfnisaufschub gegangen, um Verzicht auf kurzfristige Vergnügungen, auf – ohne Verhütungsmittel allzu riskanten – Sex, auf jegliche Ablenkungen von der einen großen Aufgabe: Bildung aufzusaugen, um dem Elternhaus und der alternativlosen Hausfrauenrolle entfliehen zu können. Heute hat es fast den Anschein, als sollte man den jungen Frauen zu ein bisschen mehr Unordnung, zu weniger Planung und größerem Wagemut raten, wenn sie tatsächlich beides wollen, Familie und beruflichen Erfolg.

Doch worin genau besteht ihr Risiko? Das Bundesinstitut

für Bevölkerungsforschung schätzt den Anteil jener Frauen, die aus biologischen Gründen keine Kinder bekommen, »gering« ein, im Frauenbericht der Bundesregierung ist mit großzügiger Ungenauigkeit von »zehn bis zwanzig Prozent« ungewollt Kinderlosen die Rede. Fest steht, dass die viel zitierte »biologische Uhr« keine patriarchalische Erfindung zur Unterdrückung der Frauen ist, sondern dass sie tatsächlich existiert. »Das Alter einer Frau ist der wichtigste Indikator dafür, ob es mit dem Kinderwunsch klappt – und der Hauptgrund dafür, warum die Zahl der künstlichen Befruchtungen in Deutschland steigt«, schreibt der Wissenschaftsjournalist Martin Spiewak in der *ZEIT*.

Das aussichtsreichste Alter für die Fortpflanzung sind die Jahre bis fünfundzwanzig, danach schwindet die Zahl gesunder Eizellen, zunächst langsam bis dreißig, dann schneller bis fünfunddreißig Jahre. Mit Mitte dreißig fällt die Fruchtbarkeitskurve steil ab, danach ist es Glückssache, ob eine Frau noch schwanger wird oder nicht. Rund ein Drittel der Paare, die sich erst in diesem Alter finden, bleibt daher ungewollt kinderlos.

Gerade erfolgreiche Frauen, die hart für ihre Berufsbiografie gearbeitet haben, finden es offenbar schwer akzeptabel, ja schwer vorstellbar, dass sich ein Biografiebaustein nicht mit Fleiß und Disziplin erkämpfen lassen soll; dass er sich der Planung sogar besonders beharrlich entzieht. Die Fruchtbarkeitsphase steht im denkbar ungünstigsten Verhältnis zu den langen Ausbildungszeiten in Deutschland, jedenfalls wenn man auf Einhaltung des »erst mal«-Prinzips besteht.

Die Sexualaufklärung in der Schule trägt das ihre zur Kindervermeidung bei. Stets geht es dort um Verhütung, die natürlichen Altersgrenzen für die Familiengründung sind kein Thema, die Mehrheit der Mädchen glaubt, es sei völlig problemlos, das erste Kind mit vierzig oder fünfundvierzig Jahren zu bekommen. Für Teenager ist die Betonung der Verhütungsfrage selbstverständlich sinnvoll, aber im späteren Leben rächt sich die familienplanerische Unkenntnis.

Bis zu ihrem fünfunddreißigsten Lebensjahr bleiben laut Mikrozensus des Statistischen Bundesamts inzwischen zweiundsechzig Prozent der Hochschulabsolventinnen kinderlos. Auch wenn es bei ihnen einen deutlichen Trend zur »späten Mutterschaft« mit Mitte, Ende dreißig gibt: Wie viele von ihnen werden bis Anfang vierzig wirklich noch Kinder bekommen? Zehn Prozent? Zwanzig? Demografen gehen für die Zukunft davon aus, dass etwa die Hälfte aller Akademikerinnen für immer kinderlos bleiben werden.

Da sich fünfundsiebzig Prozent, also die große Mehrheit der Menschen in Deutschland Kinder wünschen und neunzig Prozent in Umfrage die »Familie« als Priorität in ihrem Leben nennen, müssen irgendwo in der Spitzengruppe der gut ausgebildeten, weit gereisten, beruflich erfolgreichen Kinderlosen auch Schmerz und Konflikt verborgen liegen, Enttäuschung und Frustration – von den gesellschaftlichen Auswirkungen dieses Trends einmal ganz abgesehen.

Was geschieht im Einzelnen? Einige Akademikerinnen werden spät noch Mütter. Einige entscheiden sich ganz bewusst gegen Kinder und sind glücklich damit; vierundvierzig Prozent der Kinderlosen insgesamt gaben in einer Umfrage des Forsa-Instituts aus dem Jahr 2005 an, sie hätten keinen Kinderwunsch, weil sie mit ihrem augenblicklichen Leben sehr zufrieden seien. Ein nennenswerter Teil der kinderlosen Akademikerinnen aber muss irgendwie Opfer der Verhältnisse werden, Opfer der Abwarte- und Ausprobier-Ideologie, Opfer auch eines nur langsam sich wandelnden Rollenverständnisses der Männer, die sich mit den hoch qualifizierten, selbstbewussten Frauen über dreißig offenbar vielfach doch sehr schwer tun – auch wenn der Bamberger Soziologe Hans-Peter Blossfeld und sein Kollege Andreas Timm in einer Langzeituntersuchung der bundesrepublikanischen Heiratsverläufe in den letzten fünfzig Jahren Hinweise darauf gefunden haben, dass die Männer jeder jüngeren Generation zunehmend besser qualifizierte Frauen akzeptieren. »Männer mit den besten Qualifikationen werden versuchen, Frauen mit den besten Qualifikationen zu wählen«, so entwerfen die beiden Wissenschaftler ihr Zukunftsszenario für den akademischen Heiratsmarkt. »Männer mit schlechteren Qualifikationen werden zwar auch Frauen mit besten Qualifikationen präferieren, da aber ihre Wettbewerbssituation vergleichsweise ungünstiger ist, werden sie tendenziell nur unter den Frauen mit den schlechteren Arbeitsmarkt-, Karriere- und Einkommenschancen wählen können.« Damit ginge der Anteil der Ehen statushöherer Männer mit statusniederen Frauen zurück, oder anders ausgedrückt: Heirat taugt immer weniger als Vehikel sozialer Mobilität. Soziale Statusgruppen bleiben unter sich. Auch die gebildeten Frauen sind auf ihresgleichen im Männeruniversum angewiesen, *crossover* bleibt die Ausnahme. So weit die Theorie. In der Praxis sind solche Prozesse allerdings langwierig: Immer noch gibt es kaum eine Frau mit Diplom oder Doktortitel, die nicht von der gelegentlichen Zurückweisung durch Männer berichten könnte, die mit ihrem Status überfordert waren. Die britische Autorin Helen Fielding hat die Situation in *Schokolade zum Frühstück* beschrieben: Da sitzen die selbstzufriedenen Traditionsehepaare bei der Dinnerparty zusammen, und die Gatten erzählen Bridget, der einzigen anwesenden Singlefrau, dass ihre Büros voll seien von panischen Kolleginnen über dreißig, die keinen Mann mehr abkriegten – genau jene Frauen, die sich mit Mitte zwanzig zu schade gewesen seien, um mit tollen Typen wie ihnen auszugehen. Späte Rache.

Tatsächlich sinkt die Wahrscheinlichkeit, das erste Mal zu heiraten, für beide Partner mit steigendem Alter – wer den Schritt bis vierzig nicht getan hat, der hat statistisch nur eine geringe Chance, noch eine Ehe einzugehen. Ehe und Kind hängen in Deutschland nach wie vor eng zusammen, wobei nicht eindeutig festzustellen ist, ob nun dem Kinderwunsch die Heirat folgt oder die Heirat den Entschluss zum Kind fördert. Jedenfalls haben achtzig Prozent der verheirateten Akademikerinnen Kinder, aber nur dreizehn Prozent der ledigen. Das Problem besteht offenbar darin, dass ein wachsender Teil der Hochschulabsolventinnen gar nicht heiratet: Fünfundzwanzig Prozent der Jahrgänge 1957 und 1958 sind ledig, und der Trend zeigt steil nach oben, bis hin zu fünfzig Prozent der 1967 und 1968 geborenen Akademikerinnen. Es ist fraglich, ob sich in diesem massenhaften Alleinleben, in den Wochenend-, Teilzeit- und Fernbeziehungen, die sich hinter solchen Zahlen verbergen, tatsächlich nur Freiheit und Selbstbestimmung ausdrücken – oder eben auch die Schwierigkeit, mit zunehmender Qualifikation und zunehmendem Alter noch einen Partner zu finden. In der Gesamtschau mag ja, wie Blossfeld und Timm behaupten, die Zahl der Traditionsehen von älteren, besser gebildeten Männern mit jüngeren, schlechter qualifizierteren Frauen zurückgehen. In der Praxis aber scheint dieses Rollenmodell zumindest für die erste Ehe immer noch häufig vorzukommen. Und wer als Frau sehr spät Examen macht und dann noch Jahre für Berufsfindung und das Abschleifen der Holzdielen in der Altbauwohnung dranhängt, geht, je mehr Zeit diese Dinge kosten, ein umso größeres Risiko ein, allein zu bleiben.

Natürlich sind Akademikerinnen in geringerem Maße als schlechter qualifizierte Frauen auf einen »Ernährer« angewiesen, sie können in der Regel finanziell auf relativ hohem Niveau für sich selbst sorgen. Es ist sicher kein Zufall, dass Hochschulabsolventinnen heute zu achtzig Prozent berufstätig sind, Hauptschülerinnen hingegen nur zu sechzig Prozent: Den Job an der Aldi-Kasse wegen Familiengründung zu unterbrechen dürfte leichter fallen als ein Kind und einen Kuratorinnenposten an einem großen Museum unter einen Hut zu bringen.

Doch die größere Neigung der Akademikerinnen zur Berufstätigkeit kann die überdurchschnittliche Kinderlosigkeit in diesem Milieu nicht allein erklären: Schon 1970 arbeiteten siebzig Prozent von ihnen, viel mehr als in den anderen Bildungsschichten; damals waren nur vierzig Prozent der Hauptschülerinnen berufstätig. Heute haben die unteren und mittleren Bildungsgruppen bei der Erwerbsbeteiligung nachgezogen. In dieser Hinsicht wirkten die Frauen mit Studienabschluss als Avantgarde.

Nun könnte man annehmen, dass die anderen Frauen ebenso wie die Akademikerinnen beginnen würden, auf Kinder zu verzichten – es dürfte doch ungefähr gleich anstrengend sein, zum Kindergarten zu hetzen und abends noch schnell einzukaufen, egal ob man als Verkäuferin bei Schlecker arbeitet oder als Juristin in einer Verwaltung. Trotzdem bekommen die Frauen der unteren Bildungsschichten weiterhin Kinder. Von den bis Vierzigjährigen bleiben nur ein Fünftel, rund zwanzig Prozent, kinderlos, im Gegensatz zu den etwa fünfzig Prozent Hochschulabsolventinnen.

Die Kinderabstinenz der Akademikerinnen mag bis zu einem gewissen Grad die Konsequenz höherer Ansprüche, eines ausgeprägteren Hedonismus und einer geringeren Bereitschaft sein, sich mit dem erstbesten möglichen Kindsvater zufrieden zu geben. Außerdem sind akademische Karrieren oft notgedrungen flexibler als andere: Man muss der Arbeit öfter hinterherziehen, das erschwert die Bindung an einen Partner und vergrößert die Distanz zum eigenen Elternhaus. Gerade die informellen Netzwerke der eigenen Familie aber sind es, welche die Entscheidung für ein erstes Kind um bis zu zwanzig Prozent wahrscheinlicher machen. Das stellten Karsten Hank und Michaela Kreyenfeld in einer großen Untersuchung für das Max-Planck-Institut für demografische Forschung in Rostock fest.

Es bleibt aber ein erheblicher Rest von Kinderlosigkeit, der nicht über Berufstätigkeit und Hedonismus zu erklären ist. Und hier kommt die Ehe- und Partnerschaftsfrage wieder ins Spiel. Der manifeste Unterschied zwischen den Hochschulabsolventinnen und ihren schlechter qualifizierten Geschlechtsgenossinnen ist die geringe Heiratsneigung. Ein schwer messbarer Teil an Zurückhaltung mag bei den Männern liegen, denen die selbstbewussten, anspruchsvollen, bisweilen auch schwierigen Mittdreißigerinnen vielleicht einfach zu anstrengend sind. Aber die Frauen? Sind die so ordentlich und planvoll ihre Lebensläufe designenden Töchter der Bildungsreform einfach zu vorsichtig, zu pingelig, zu kontrollmanisch für Kinder? Scheuen sie die Verantwortung? Oder sehen sie klugerweise, dass das Kind, das sie sich durchaus wünschen, nur *ihr* Leben dramatisch verändern würde, das ihres Partners hingegen kaum?

Familienforscherin Uta Meier erhielt auf eine nicht repräsentative, aber aufschlussreiche Umfrage unter Studierenden und wissenschaftlichen Mitarbeitern der Universitäten Gießen und Marburg interessante Antworten darauf, was für die Befragten zum gegenwärtigen Zeitpunkt gegen ein Kind spreche: Die männlichen Teilnehmer antworteten, sie müssten dann lebenslange Unterhaltsverpflichtungen akzeptieren; sie fürchteten die Unruhe, die ein Kind in ihre wissenschaftliche Arbeit bringen würde; und sie hätten Angst, dass sie unliebsame neue Alltagsaufgaben übernehmen müssten. Die Frauen quälte in erster Linie die Sorge, nach der Geburt eines Kindes beruflich den Anschluss zu verpassen und vielleicht den falschen Partner zu haben, der, wenn das Kind da sei, »sicher nicht« helfen werde.

Der falsche Partner! In einer Befragung von vierzigtausend Männern und Frauen im Alter zwischen achtzehn und neunundvierzig Jahren ermittelte das Meinungsforschungsinstitut Forsa 2005 den »falschen Partner« als Hauptgrund für Kinderlose, kinderlos zu bleiben. Die Untersuchung umfasste natürlich nicht nur Akademiker, aber ist es nicht plausibel, dass die Probleme in diesem Milieu kumulieren? »Nicht der richtige Partner« kann bedeuten, dass einige Frauen abgelehnt werden, weil sie in eine zu hohe »Liga« aufgestiegen sind; andere beurteilen vielleicht die Zusatzbelastung und die Risiken realistisch, die ihnen ein Kind bringen würde. Es ist geradezu ironisch, dass Uta Meiers männliche Studenten eine höhere Alltagsbelastung durch Haushaltsarbeiten fürchteten: Nach Zeitbudget-Untersuchungen des Statistischen Bundesamts verbringen Väter, verglichen mit kinderlosen Männern, in einer Paarbeziehung ganze sechs zusätzliche Minuten am Tag mit Hausarbeit. Achtzig Prozent der gesamten Haushalts- und Fürsorgearbeit in Familien leisten nach wie vor die Frauen.

In diesem Punkt ist die Emanzipationsbewegung kläglich gescheitert, sie hat das Geschlechterverhältnis im praktischen Alltag kein bisschen revolutioniert. Im Gegenteil: Während junge Männer bis fünfundzwanzig Anfang der neunziger Jahre »nur« zu fünfundfünfzig Prozent von Frauen bekocht wurden, seien es heute siebzig Prozent, die bei Mama, Oma oder Freundin essen würden, sagt Uta Meier. Auch Vorbilder wie der junge Starkoch Jamie Oliver aus London haben an dieser Arbeitsverteilung noch nichts ändern können. Es ist wohl auch nicht mehr so, dass die Männer, gerade im akademischen Milieu, von den Frauen Haushaltsdienstleitungen verlangen: Sie finden es vollkommen in Ordnung, einfach gemeinsam Sushi essen zu gehen. Aber sie sind offenbar nicht bereit, ihre gut funktionierende Selbständigkeit aus Verantwortung für dieses fragwürdige Dritte, dieses mögliche Kind, aufzugeben und Dinge zu tun, die ihnen nur eine Last sind. Wenn die Frauen das gerne tun wollen, bitte! Aber sie sollen sich dann nicht beschweren, die Bedingungen waren doch vorher klar. »Verbale Aufgeschlossenheit bei weitgehender Verhaltensstarre«, hat der Soziologe Ulrich Beck diese Haltung genannt.

Genau hier finden wir übrigens eine mögliche Adressatengruppe für die Forderungen aus dem eingangs beschriebenen »Gebärstreik«: Es wäre ja absurd, von den Frauen zu verlangen, dass sie ihre private Entscheidung für oder gegen ein Kind in einem gesellschaftlichen, einem demografischen Kontext sehen sollen, und dabei den Männern jede aktive Mitarbeit an der Veränderung dieses Kontextes zu ersparen. Ihr Haushalts- und Erziehungsbeitrag, ihre Bereitschaft, sich auf ein Kind einzulassen, sind natürlich ebenso Privatsache wie eine Schwangerschaft. Aber beides wirkt gesellschaftlich – und auch für Männer ist der Fortbestand der Rentenkassen von Bedeutung.

Die Kinderabstinenz der weiblichen Bildungsavantgarde wirkt übrigens doppelt und dreifach, denn es geht ja nicht nur um die Zahl der nicht geborenen Kinder, sondern auch um eine Trend- und Vorbildfunktion. Bisher mag das Reproduktionsverhalten der weniger Privilegierten noch ziemlich traditionell sein. Aber das muss nicht immer so bleiben: Schon heute findet sich die zweithöchste Kinderlosigkeitsquote im Milieu der so genannten »konkurrierenden Optionen«, wie Jürgen Dorbritz vom Bundesinstitut für Bevölkerungsforschung herausgefunden hat, also dort, wo ein Kind tatsächlich den Verzicht auf Lifestyle-Elemente der Oberschicht bedeuten würde, auf den zweiten Urlaub etwa oder das neue Auto. Zum anderen wird die Kinderfreundlichkeit einer Gesellschaft mit Sicherheit nicht größer, wenn ausgerechnet ihre Eliten sich dem Leben mit Kindern, den komplexen Verpflichtungen und Abhängigkeiten des Familienlebens zunehmend entfremden. Lehrer, die nie eigene Kinder gehabt haben? Bundestagsabgeordnete, die nicht aus eigener Erfahrung wissen, was es bedeutet, durch die Familie daran gehindert zu sein, mal eben ein Wochenende durchzuarbeiten? Frauenärztinnen, die nie selbst Kinder geboren haben? Kinderlose Journalistinnen und Schriftstellerinnen, die die ästhetischen und kulturellen Grundsätze des guten Lebens vermitteln?

Die Konsumforschung hat herausgefunden, dass der Lebensstil der Privilegierten den gesellschaftlichen Trend prägt: Was, wenn dieser Lebensstil Kinderlosigkeit zur Norm erhebt? Dann ist endgültig der Dumme, wer seine Berufstätigkeit einschränkt, um für Kinder zu sorgen, und wer sich die unvermeidlichen »Kinderkosten« auflädt. Dann mindern vielleicht künftig Kinder im Hotel den Erholungswert einer Pauschalreise; dann wird Fortpflanzung ein Unterschichtenmerkmal.

Schon heute spricht Familienforscherin Uta Meier von einem »gespaltenen Fertilitätsverhalten«: Kinder bekommen ausgerechnet diejenigen, die es sich materiell am wenigsten leisten können und die wenigstens zum Teil mit der Erziehung von Kindern überfordert sind. »Wäre das Ausmaß der Geburtenvermeidung in allen Bildungsschichten gleichermaßen ausgeprägt, könnte man es dabei belassen, die Auswirkungen auf das Rentenversicherungssystem zu thematisieren«, schreiben die Soziologinnen Heike Wirth und Kerstin Dümmler vom Zentrum für Umfragen, Methoden und Analysen (ZUMA) in Mannheim. »Eine mit dem Bildungsniveau der Frau zunehmende Kinderlosigkeit birgt jedoch zusätzliche Ungleichheitspotenziale, da die im Kontext der Kindererziehung entstehenden Zusatzkosten in diesem Fall vor allem von den sozial weniger privilegierten Gesellschaftsgruppen zu tragen sind, was langfristig eine Vergrößerung der sozialen Kluft zwischen unteren und oberen Schichten erwarten lässt.«

Dies trifft umso mehr zu, da unser Bildungssystem mit seinen langen Ausbildungszeiten ganz offensichtlich die Tendenz zur »bildungshomogenen« Heirat verstärkt: Man heiratet untereinander, und zwar nach Abschluss des Studiums. »Zusammengenommen sprechen unsere empirischen Ergebnisse dafür, dass es durch Modernisierungs- und Individualisierungsprozesse zu keiner bedeutsamen Zunahme der Vermischung bildungsspezifischer Kreise durch Heirat gekommen ist. Vielmehr hat die Bildungshomogenie stark zugenommen«, schreiben Blossfeld und Timm in ihrer Studie über den »Heiratsmarkt« in Deutschland. »Die Sozialstruktur und die sozialen Kreise scheinen sich eher geschlossen als geöffnet zu haben.« Und das bedeutet: Das kinderlos-akademische Milieu bleibt unter sich.

Damit verzichtet ein nennenswerter Teil der Akademiker dauerhaft auf die Erfahrungen und das Glück, das ein Zusammenleben mit Kindern bedeutet. Und die Gesellschaft insgesamt steht vor der schwierigen Aufgabe, immer mehr Kinder aus bildungsfernen Schichten auf Hochschulniveau zu bringen. Denn dass der Mangel an Fachkräften in den kommenden Jahren drastisch zunehmen wird, ergibt sich zwingend aus der demografischen Entwicklung. Gerade Erziehung und Bildung aber werden mehr und mehr die Aufgabe von Menschen sein, die Erfahrungen mit eigenen Kindern nicht mehr haben.

# EXKURS: KINDER – WARUM?

Persönlich finde ich es sehr schwierig, etwas Werbendes über Kinder zu sagen. Wie beschrieben, wurde ich mit dreiundzwanzig Jahren schwanger und musste mich plötzlich mit dieser Tatsache auseinander setzen. Eine Art frei schwebenden Kinderwunsch habe ich nie erlebt, und ehrlich gesagt habe ich, obgleich ich hier so entschlossen die Kinderlosigkeit der Gesellschaft beklage, ein relativ distanziertes Verhältnis zu Kindern im Allgemeinen. Babys begeistern mich nicht pauschal. Ich hasse »Janina an Bord«-Autoaufkleber und Kinderkitsch à la »Eure Kinder sind nicht eure Kinder« von Khalil Gibran. Wenn, dann mag ich ältere Kinder, und von denen am liebsten die intelligenten und wohlerzogenen. Vielleicht erklärt das den relativ kühlen Ton, in dem in diesem Buch von »Nachwuchs« und »Fortpflanzung« die Rede ist.

Jedenfalls bilde ich mir ein, dass ich ganz gut verstehen kann, warum nicht alle Menschen in Verzückung geraten bei der Aussicht, sich zu vermehren. Alltagsanschauung dürfte ihnen gute Gründe für ein gewisses Misstrauen liefern. Denn die Kinder, die uns heute begegnen, auf der Straße, im Restaurant, in der Bahn, im Kaufhaus, sind nicht alle eine gute Reklame für – ja, was eigentlich? Sich selbst? Den Elternstand? Sie neigen häufig zu lautem, ausuferndem Verhalten, und in faszinierender Weise werden sie von ihren Eltern kaum daran gehindert. Beispiel: die Gaststube eines Skihotels in Österreich. Die Eltern eines Dreijährigen sind ins Gespräch vertieft, der Junge langweilt sich, rennt herum, klettert auf die gepolsterten Sitzbänke und fängt an, die Blumentöpfe von der Fensterbank zu zerren. Es dauert eine ganze Weile, bis die Eltern das bemerken, dann ruft der Vater quer durch den Raum: »Tobi, lass doch!« Tobi lässt natürlich nicht, die Ruferei geht zur Freude der anderen Gäste noch etwas weiter, schließlich springt der Vater auf, packt das Kind, schleppt es zurück an den Tisch, schreit es an, und der Junge fängt an zu heulen.

O Gott, denken alle Kinderlosen im Raum, gut, dass ich keine Kinder habe. Und das Kuriose: Spräche jemand Tobis Vater auf die Szene an, bekäme er oder sie garantiert zu hören, er sei wohl kinderfeindlich, wie ja die ganze Gesellschaft, und wer denn bitte in Zukunft die Renten bezahlen solle? Da wären dann schon heftige Erklärungen nötig, dass es um das Erziehungsverhalten an sich geht: dass es selbstverständlich langweilig für einen Dreijährigen ist, wenn keiner mit ihm redet; dass es für einen Jungen in diesem Alter normal ist, dass er auf Fensterbänke klettern will; dass es aber Sache der Eltern ist, ihr Kind zu unterhalten und es wieder einzusammeln, wenn es anfängt, die Hoteleinrichtung zu zerlegen. Und vielleicht auch noch, dass ein Dreijähriger bei seinem verhängnisvollen Werk nicht durch Zurufen zu stoppen ist, sondern dass die Eltern eingreifen müssen, und dass anschließende übertriebene Härte und Schreierei nicht den geringsten erzieherischen Wert besitzen.

Bei Eltern wie Tobis Vater – und es gibt genug davon, die das Elternbild in der Öffentlichkeit prägen – sind zwei fatale Entwicklungen zusammengekommen: Sie haben den vulgarisierten Rest der antiautoritären Bewegung aufgesogen und ihn so interpretiert, dass Erziehung praktisch überflüssig sei und die Kinder letztlich selbst am besten wüssten, was gut für sie ist. Diese Haltung hat den Vorteil, für Eltern zumindest auf den ersten Blick bequem zu sein, und das Leiden der Umwelt ist ihnen da ziemlich egal – unter anderem deshalb, weil sie sehr empfänglich sind für eine andere Botschaft, die gegenwärtig die familienpolitische Debatte prägt: dass nämlich die Gesellschaft, wir alle, denen dankbar sein müssen, die überhaupt noch Kinder großziehen und den demografischen Schwund verzögern. Das stimmt ja auch. Nur scheinen oft diejenigen die größte Dankbarkeit zu erwarten, denen man ihre erzieherische Leistung am wenigsten danken möchte, und das, obwohl man ausdrücklich kein Kinderfeind ist, sondern nur etwas gegen schlecht erzogene Kinder hat. Trotz allem sollte sich bei den eigenen Familienerwägungen niemand von den Erziehungskatastrophenkindern à la Tobi abschrecken lassen. Es steht einem frei, ja, es empfiehlt sich sogar, einen anderen Erziehungsstil zu wählen.

Die zurückliegenden Jahrzehnte sind geprägt durch eine Annäherung der kindlichen und der erwachsenen Sphäre, eine Annäherung in Sprache, Kleidungsstil, Freizeitverhalten. Respekt vor Älteren gilt als reaktionäres Konzept, Höflichkeit als Sekundärtugend. Da das Kind selbst weiß, was gut für es ist, geht auch das Dreijährige erst ins Bett, nachdem es zuvor drei Stunden lang seine Müdigkeit in die Welt hinausgequengelt hat. Dabei wären alle glücklicher, wenn irgendein Erwachsener rechtzeitig die Energie aufgebracht hätte, das müde Kind ins Bett zu stecken – in dem Bewusstsein, dass Schlaf ihm keineswegs schadet, und dass der Abend den Erwachsenen gehört, Zeit, die sie für sich selbst haben dürfen und sollen.

Eltern, die stundenlanges Gequengel über sich ergehen lassen, haben ja nicht wirklich den netteren Abend: Ihnen bleibt überhaupt keine Zeit mehr, zu sich zu kommen, sie dulden und betreiben ihre eigene Infantilisierung. Die amerikanische Autorin Caitlin Flanagan hat dieses Phänomen sehr schön in einem Artikel über Hawaii-Urlaube beschrieben, der im Magazin *New Yorker* erschien: Im Grand Wailea Resort auf Maui, einer der teuersten Adressen dieser Weltgegend, findet der Reisende nicht etwa gepflegte Ruhe und Eleganz, sondern einen Badeland-Themenpark, der ganz und gar an den Bedürfnissen der neuen Kind-Erwachsenen ausgerichtet ist: Rutschen, Inseln, künstliche Buchten, Schwimm-Bars, in denen die Großen Cocktails schlürfen und die Kleinen Cola, alle gemeinsam planschend in der Holiday-Ursuppe. Auch die Angebote, die nach Alter getrennt sind, wie das Kid-Camp und die Wellness-Oasen, unterscheiden sich nicht allzu stark in der haptischen Qualität ihrer Angebote: Knete hier, Schlamm dort.

Es ist verständlich, dass Kinderlose, die solches Geschehen beobachten, sich mit Grausen abwenden; dass sie eine solche Kolonialisierung ihres Alltags durch Kinder nicht dulden wollen. Das müssen sie auch nicht, wenn sie das Angebot zum Erwachsenwerden, das Elternschaft darstellt, wirklich annehmen. Sie können ihre Kinder kindlich sein lassen und selbst daran wachsen, dass die eigene Egozentrik plötzlich wenigstens zur Sekundäregozentrik wird: einen anderen lieben außer sich selbst, und das nicht aus sexuellen Motiven. Doch es wäre unredlich, ihnen vorzugaukeln, dass sie es nicht überall mit einem Erziehungsmainstream zu tun bekämen, der genau die Sorte von Kindern hervorbringt, die schon bisher abschreckend auf sie gewirkt haben. Man kann nur versuchen, ihnen zu versichern, dass sie es selbst in der Hand haben.

Mit romantischen Verheißungen kann ich also mein Plädoyer für mehr Kinder nicht rosa färben. Die Liebe, die wir für unsere Kinder empfinden, ist eine sehr private Sache, die sich meiner Ansicht nach nicht gut eignet, um öffentlich ausgebreitet zu werden. Das mag auch ein Teil des familiären Attraktivitätsproblems sein: Vielleicht sind die Freuden des Zusammenlebens mit Kindern zu intim zum Erzählen – jedenfalls den »netten« Eltern, denen, mit denen es auch Kinderlose gern zu tun hätten. »Heute sind fast alle Kinder Wunschkinder«, schreibt die Journalistin Tissy Bruns im *Tagesspiegel*. »Wenn es freie Entscheidung der Eltern ist, ob ein Kind geboren wird, dann steigt die Verantwortung für das Glück und die ›optimale‹ Entwicklung der Kinder. Wie man es richtig macht, dafür finden junge Eltern zahllose Angebote, aber nur wenige Vorbilder. Sag nie, dass es an den Kindern liegt, war früher die heimliche Übereinkunft vieler Mütter im Beruf. Zum ›neuen Mix‹ können auch Eltern ihren Beitrag leisten: ›Erzähl, wo du nur kannst, wie es ist, wenn Kinder zum Leben gehören.‹«

Meine vierzehnjährige Tochter liegt seit zwei Tagen mit einer Grippe im Bett. Es geht ihr nicht sehr schlecht, aber sie hat Kopfschmerzen, sie mag nicht dauernd lesen und auch nicht dauernd Hörspielkassetten hören. Sie war froh, als sie, schon ein wenig schüttelfröstelnd, aus der Schule kam und ich sie sofort ins Bett stecken konnte. Es war eine große Ausnahme, dass ich überhaupt zu Hause war. Normalerweise bin ich tagsüber in der Redaktion oder unterwegs, ihr Vater ist normalerweise in Berlin. Normalerweise wäre eine Haushilfe da oder ein Mitarbeiter meines Mannes, oder die Großeltern müssten telefonisch konsultiert werden. Alles nicht schlimm, glaube ich, und doch merkte ich, dass sie sich freute, dass ich da war. Ich tue nichts Besonderes für sie, ich sitze am Schreibtisch und arbeite, zwischendurch sehe ich nach ihr, gebe ihr ein paar Weintrauben, koche Tee. Sie ist eine etwas leidende, etwas gelangweilte, aber gut aufgehobene Präsenz im Haus.

Ich erzähle diese Episode nicht, um Vereinbarkeitsschwierigkeiten zwischen meinem Beruf und dem Da-Sein für mein Kind zu illustrieren, sondern weil es ein freudiges Gefühl ist, wenn die eigene Anwesenheit jemandem gut tut, vielleicht sogar etwas bedeutet, jedenfalls das Wohlbefinden steigert. Ich schüttle das Kissen auf, sie kuschelt sich hinein. Es ist ein kleines, vielleicht banales Bild dafür, wie Eltern und Kinder einander brauchen, die Eltern die Kinder vielleicht noch mehr als andersherum. Davon reden, draußen, in der Welt der Termine, Deadlines, Projekte und Produktionspläne? Schwierig, aber vermutlich nötig, nötiger als all die Zahlen und sozialwissenschaftlichen Untersuchungen, mit denen ich hier gegen einen gesellschaftlichen Großtrend anargumentiere, der nur noch aufzuhalten ist, wenn sehr viele Menschen ihre individuellen Entscheidungen anders treffen als bisher. Wir brauchen vertrauenswürdige Gewährsleute, die sagen: Es lohnt sich. Es ist gut.

# WO NACHWUCHS ALS NATÜRLICH GILT: DAS UNORDENTLICHE MILIEU

*Beim Alleinerziehenden-Frühstück · In der Hauptschule · Bildungsdebatte: Darf jeder Kinder kriegen? · Gespaltenes Fortpflanzungsverhalten · Was Kinder bedeuten · Erkundungen im unordentlichen Milieu · Nachwuchs als Unterschichtenphänomen? · Die Konsequenzen*

Neun Uhr morgens. Auf dem Tisch stehen Vollkornbrot und Quark, Honig und Marmelade, Kaffeebecher, Saftfläschchen, Tupperdosen mit geschnittenem Obst und Gemüse. Zweimal in der Woche lädt Katrin Baabs alleinerziehende Mütter aus dem Stadtteil mit ihren Kindern in eine zum »Sozialraum« umfunktionierte Erdgeschosswohnung ein. Sie ist ein freundlicher, engagierter Mensch, aber die Einladung hat nicht nur mit ihrer privaten Nettigkeit zu tun: Katrin Baabs ist Geschäftsführerin eines großen norddeutschen Wohnungsunternehmens. Ihre Besucherinnen kennt sie aus Mietschuldenverfahren, aus Räumungsprozessen, aus Gesprächen, in denen Frauen versuchen, ihr zu erklären, warum der gerade aktuelle Freund am Wochenende im Treppenhaus randaliert hat.

Das Mütterfrühstück ist ein durchaus interessengeleitetes Angebot des Unternehmens: Manche Probleme eskalieren nicht, wenn man nur rechtzeitig darüber spricht. Der relativ frühe Zeitpunkt hat eine tagesstrukturierende Wirkung – dann sind die Besucherinnen immerhin schon mal aufgestanden. Ganz nebenbei kann Katrin Baabs auch darauf hinweisen, dass Coca-Cola im Fläschchen des Einjährigen keine besonders gute Idee ist, dass Kinder gelegentlich Gemüse essen sollten und dass Ohrfeigen und Anschreien nicht unbedingt die erfolgversprechendsten Erziehungsmethoden sind.

Links von mir sitzt die einundzwanzigjährige Sabrina. Wie viele andere hat auch sie Katrin Baabs bei einem Gespräch über Mietschulden kennen gelernt und kommt seitdem gern hin und wieder zu den Mutter-Kind-Frühstücken. Ihr Sohn Kevin ist fünfzehn Monate alt, sie ist im fünften Monat schwanger mit dem zweiten Kind. Ihren früheren Freund und jetzigen Ehemann hat sie in der »Mausefalle« kennen gelernt, einer Diskothek im Bahnhofsviertel, wo Singles gern hingehen und Frauen oft freien Eintritt haben. Doch schon der Begriff »Single« klingt für Sabrina falsch: Er impliziert mehr oder weniger absichtsvolles Alleinleben und Unabhängigkeit. Irgendwie schwingen beim Begriff »Single« Oberschichts-, Bildungs- und Avantgardeassoziationen mit.

Sabrina aber ist eher eine von den Frauen, die immer einen Mann suchen werden. Die Hauptschule hat sie abgebrochen, seit dem dreizehnten Lebensjahr hat sie »immer mitverdient für die Familie«. Floristin wäre sie gern geworden, doch dafür bräuchte sie einen Abschluss. Vor Kevins Geburt hat sie bei McDonald's gearbeitet, die Stelle aber wegen der Schwangerschaft verloren. Vielleicht wollte sie auch einfach nicht mehr dort arbeiten. Aus der ersten gemeinsamen Wohnung mussten sie ausziehen, weil der Freund vergessen hatte, die Miete zu zahlen. Ärger mit der Schufa gab es auch immer mal. Nach zwei Jahren Zusammenleben haben Sabrina und ihr Freund kürzlich geheiratet. Es war kein so schöner Tag, wie sie es sich vorgestellt hatte: Erst gab es »Stress« mit seiner Familie, deren Mitglieder die Braut vor dem Standesamt mit Steinen bewarfen, und dann einen ziemlich schrecklichen Streit mit ihrem neu angetrauten Ehemann, weil sie sich ausgerechnet den Abend des Hochzeitstags ausgesucht hatte, um mit seinem besten Freund ins Bett zu gehen. Jetzt allerdings ziehen sie, nachdem sie wochenlang nicht miteinander gesprochen haben, in eine Wohnung weiter draußen im Grünen, gut für die Kinder. Sabrina hat stundenweise Arbeit gefunden in der Großküche, in der ihr Mann als Schlachter beschäftigt ist. Im Moment sind alle ganz zufrieden.

Die Geschichten in der Runde ähneln sich. Manche Frauen sind nicht mehr besonders begeistert von Männern, sie haben Gewalt erlebt, psychopathisches Verhalten, Alkoholismus oder die totale Unfähigkeit ihrer Partner, mit der Tatsache klarzukommen, dass plötzlich ein Kind da ist. »Es ist viel schöner, mit ihm alleine zu leben«, sagt die einundzwanzigjährige Sandra über ihren siebzehn Monate alten Sohn Luca-Leon. Sobald er in den Kindergarten kommt, kann sie ihre Ausbildung als Verwaltungsfachangestellte bei der Bundeswehr wieder aufnehmen. Und ein neuer Freund? »Für mich kein Thema zurzeit«, sagt Sandra.

Bei Janina, siebenundzwanzig, ist die Beziehung zu ihrem Freund an der gemeinsamen Zeit der Arbeitslosigkeit zerbrochen. Er hatte keinen Job, sie konnte nach der Geburt von Sonic nicht länger als Bäckereifachverkäuferin arbeiten: »Arbeitzeiten von sechs bis abends halb neun – so früh und so lange kann man kein Kind zur Tagesmutter bringen! Wenn man dann jeden Tag aufsteht und weiß: Wir haben beide nichts zu tun, kotzt man sich irgendwann an«, sagt Janina. Mit dem Geld sei sie immer gut ausgekommen, auch wenn sie es hasse, aufs Sozialamt zu gehen. Alles müsse man da belegen, immer heiße es: »Sie sagen uns nicht die Wahrheit.« Aber solange das Erziehungsgeld vierundzwanzig Monate zusätzlich zur Sozialhilfe ausgezahlt wird, habe sie keine finanziellen Probleme.

Heikemarina, deren Schwester mit eigenem Kind ebenfalls in der Runde sitzt, ist zwanzig Jahre alt und hat zwei Töchter: Leamarie, zwei Jahre, und Linasophie, neun Monate. Heikemarina sieht aus wie eine Elfe – klein, zart, mit rötlich-goldbraunen Haaren und großen dunklen Augen. Sie trägt auch nicht den in der Versammlung dominierenden praktischen »Jeans und Sweatshirt«-Look, sondern Klamotten, die entweder selbst genäht oder mit viel Geschick im Secondhandladen zusammengestellt sind, weiche Stoffe und grünbraune Farben, die gut zu ihren Haaren passen. Es ist offensichtlich, dass sie Männer faszinieren muss.

Heikemarina hat die Förderschule ohne Abschluss verlassen. Bevor die Kinder kamen, hat sie gelegentlich in einem Alten- und Pflegeheim als Ungelernte gejobbt. Vom Vater ihrer zweiten Tochter hat sie sich gerade getrennt, ein Gärtner, fünfunddreißig Jahre alt, erzählt sie. Aber er sei kein bisschen erwachsen: Bei jedem Problem habe er seine Mutter angerufen, nie sei er von der richtig losgekommen. »Ich musste mich von ihm trennen«, sagt sie. »Der Typ ist vollkommen durchgedreht, hat rumgebrüllt, stand nachts um drei neben dem Bett meiner älteren Tochter und wollte mit ihr spielen.« Jetzt versuche ihr Exfreund, sie beim Jugendamt anzuschwärzen, sechs-, siebenmal habe er sie schon angezeigt: Sie misshandle die Kinder, er müsse das Sorgerecht bekommen. Sie findet, dass schon die ein bis zwei Stunden Umgangsrecht, die er in der Woche für seine Tochter hat, zu viel sind. Wenn man ihre Geschichte hört, ist man geneigt, ihr zuzustimmen.

Doch während der ganzen Erzählung hat Lenasophie in ihrem Buggy gelegen und geschrien, erst auf mittlerer Lautstärke, später in höchsten Tönen. »Sie ist ganz nass«, sagt Heikemarinas Schwester, »zieh sie mal um.« Die junge Frau packt das Kleinkind, zieht ihm unsanft den klatschnassen Strampler vom Leib, nimmt die Windel ab und legt das nackte, brüllende Mädchen auf einen mit rauem Noppenstoff bezogenen Stuhl. Die Haut des Kindes ist über und über mit roten Flecken und Striemen gezeichnet. Wund? Misshandelt? Was auch immer, der kratzige Stoff muss brennen auf der wunden Haut, und es muss wehtun, unsanft mit einem harten Frotteehandtuch abgerubbelt zu werden. Wer hat Recht? Ich möchte den Job der Leute vom Jugendamt nicht geschenkt haben.

Wieder ein Morgen, diesmal in einer Hauptschule. Der Rektor hat freundlicherweise die Mädchen aus allen drei neunten Klassen zusammentrommeln lassen für eine Gesprächsrunde. Die Jungen müssen in der gleichen Zeit Mathe machen. Sie dürften es auch nötiger haben als die Mädchen, denn hier wie in allen anderen Schularten lernen die Mädchen insgesamt fleißiger, zeigen geringere Disziplinprobleme, bekommen bessere Noten.

Und dann wollen sie Bäckereifachverkäuferin werden wie Jennifer, ins berufsvorbereitende Jahr und danach Bürokauffrau werden wie Elise – oder Friseurin wie Angelina. Etliche werden aber auch weiter zur Schule gehen und haben dann anspruchsvollere Ziele. Gülsum will den Realschulabschluss machen und Zahntechnikerin werden, Lena fände Physiotherapeutin interessant, Rebekka möchte erst mal als Aupairmädchen nach Spanien gehen und die Sprache lernen.

Schule ist nicht ihr interessantester oder wichtigster Lebensinhalt, Berufsausbildung und der spätere Beruf kommen ihnen durch die Bank nicht besonders verheißungsvoll vor, aber für alle ist eines vollkommen klar: Sie wollen eine Ausbildung, einen Job, eigenes Geld. Es gibt auch Mädchen, die Träume haben: Janine etwa will Hufschmiedin werden, im Gegensatz zu ihren Klassenkameradinnen weiß sie genau Bescheid über alle Details der Ausbildung. Sie hat auch schon bei einem Hufschmied ausgeholfen, aber ihr Vater ist gegen ihre Berufswahl. Keine Arbeit für ein Mädchen, findet er. Doch Janine ist zuversichtlich, das sie das hinkriegt. Man darf es glauben, denn sie ist auch in anderen Bereichen des Lebens nicht zimperlich: Doch, sagt sie grinsend, sie habe schon mal einem Mädchen die Nase gebrochen, gemeinsam mit ihrer Gang, es hatte da Ärger gegeben auf einer Party.

Obwohl das abschichtende Bildungsdenken – erst mal die Berufsausbildung machen – auch die Hauptschülerinnen erreicht zu haben scheint, schließt es bei ihnen den geplanten Berufseinstieg weit weniger ein als bei den Studentinnen: Nach Abschluss der Ausbildung sei ein guter Zeitpunkt, um Kinder zu bekommen, sagen die meisten. Und Kinder wollen sie haben, alle. Heiraten müsse man nicht unbedingt, findet die Mehrheit, aber der Vater müsse ein ehrlicher Typ sein, zu dem man Vertrauen haben könne; der abends auch mal mit dem Kind spiele, so dass die Mutter gelegentlich ausgehen könne. Überhaupt sollen die Freunde ihnen keine Vorschriften machen, zum Beispiel, wenn sie mit Freundinnen in die Disco wollten. Und auf keinen Fall dürfen sie mit ihren Kumpels über die Mädchen »labern«. Im Falle einer Schwangerschaft sollen sie zu den Mädchen halten, »aber viele Jungs sagen: Wenn meine Freundin schwanger ist, bin ich weg«. Abtreibung bei ungewollter Schwangerschaft kommt für keine der etwa dreißig jungen Frauen auch nur ansatzweise in Betracht: »Das wär' auf jeden Fall Mord«, sagen mehrere, das Baby sei doch ein Lebewesen, ein Mensch, ein Teil von einem selbst.

Eine Schülerin erzählt, dass ihre Mutter das erste Kind mit sechzehn Jahren bekommen habe; ihre Schwester sei fünfzehn und habe schon ein Baby. Vorbild und Familientradition spielen offenbar eine große Rolle. Es mag nicht immer gut gehen mit den Babys, aber fast jede hier weiß aus eigener Anschauung, *dass* es geht. Die Mehrheit tendiert eher dazu, nach der Geburt von Kindern zu Hause zu bleiben, und hofft auf einen ordentlichen Familienernährer. Die Mädchen hier machen sich keine allzu großen Illusionen darüber, wie spannend ihre Berufstätigkeit einmal sein wird: Da, wo es finanziell möglich ist, neigen sie zur Option »Hausfrau«. Das kann niemanden wirklich erstaunen: Die Opportunitätskosten der Kindererziehung zu Hause sind gering, emotional wie finanziell, es entgeht einem fürs Erste weder besondere Selbstverwirklichung noch Reichtum.

Das FDP-Präsidiumsmitglied Daniel Bahr ergriff Anfang des Jahres 2005 das Wort in der gerade wieder einmal heftig aufbrandenden familienpolitischen Debatte. Es bekämen in Deutschland die verkehrten Leute Kinder, sagte er: »Es ist falsch, dass in diesem Land nur die sozial Schwachen die Kinder kriegen.... Wir brauchen mehr Kinder von Frauen mit Hochschulabschluss als von jenen mit Hauptschulabschluss.« Als Argument für diese These führte Bahr an, dass es bei uns einen nachweislich engen Zusammenhang zwischen der sozialen Situation des Elternhauses und dem Bildungserfolg der Kinder gebe. Normalerweise wird aus diesem durch die PISA-Studie eindeutig belegten Umstand allerdings der Schluss gezogen, dass dann wohl das Schulwesen zu verbessern sei. Bahr hingegen drehte die Sache kühn, aber wahrscheinlich dem aktuellen radikal-liberalen Denken seiner Partei entsprechend um: Damit Deutschland bei PISA besser abschneidet, müssen eben die Besserqualifizierten wieder mehr Kinder bekommen.

Das ist eine vom gesamten Habitus her unsympathische Argumentation, weil sie einer Art Bildungsbiologismus das Wort redet, Assoziationen von Höherzüchtung weckt und die ganz und gar private Entscheidung für oder gegen Kinder völlig unbefangen ins Gesellschaftlich-Funktionale zerrt. Aber das Phänomen, das Daniel Bahr zum Thema machen wollte, existiert. Auch die sozialdemokratische Bundesfamilienministerin Renate Schmidt hat sich verschiedentlich besorgt über die soziale Polarisierung der Fortpflanzung geäußert – weil die Schwachen dann die ganze auch ökonomische Last der Kindererziehung tragen; weil den gut gebildeten Frauen, die glauben, zu einer Entscheidung für den Beruf und gegen Kinder gezwungen zu sein, familiäres Glück entgeht; schließlich aber durchaus auch, weil ein Teil der schlecht ausgebildeten Eltern mit der Erziehung überfordert ist und eigene problematische Lebensstile an die Kinder weitergibt.

Tatsächlich bekommen wir erst ganz allmählich ein Gefühl dafür, was das »gespaltene Fertilitätsverhalten« für unser soziales Zusammenleben bedeuten könnte. Lange Zeit schien die Trennlinie innerhalb der Gesellschaft vor allem zwischen Familien und Kinderlosen zu verlaufen, doch die Schichtkomponente gewinnt an Bedeutung. Wenn wir den gegenwärtigen Trend der Kinderlosigkeit im akademischen Milieu fortschreiben, droht Nachwuchs tatsächlich zu einer Angelegenheit der Unterklasse zu werden – und zwar vor allem, weil die eine Seite aussteigt. Zynisch formuliert könnte das heißen: Kinder bekommen in Zukunft nur noch die Gefühlvollen und die Blöden. Wer klar denkt, plant, rechnet, wer irgendeine Aussicht auf Erfüllung in der beruflichen Sphäre hat, tut sich den Zusatzstress, den Kinder verursachen, nicht an, egal, wie lange der Kindergarten geöffnet hat.

Anders herum wird im Gefolge dieses Trends aber auch das kinderreiche Milieu wieder interessanter: Gibt es dort, bei allen Problemen, die unzweifelhaft bestehen, vielleicht auch Einstellungen, Motive, Gefühle zu entdecken, die der Rest der Gesellschaft vergessen hat? Statistisch gesehen besteht jedenfalls kein Zweifel: Je höher der Ausbildungsabschluss, desto geringer die Kinderzahl – während von den ungelernten Fünfunddreißigjährigen nur vierundzwanzig Prozent kinderlos sind, haben siebenundsechzig Prozent der Promovierten in diesem Alter noch kein Kind. Jürgen Dorbritz vom Bundesinstitut für Bevölkerungsforschung hat auch die Zugehörigkeit zu bestimmten Berufsgruppen ins Verhältnis zur neuen Kinderlosigkeit gesetzt: So bleiben zum Beispiel in landwirtschaftlichen Berufen nur 5,5 Prozent der Frauen kinderlos; in diesen Teilen der Gesellschaft herrscht ein deutlich traditionelleres Denken als unter den Großstädtern. Frauen, die in kleinen landwirtschaftlichen Betrieben arbeiten, bekommen die meisten Kinder pro Kopf: im Durchschnitt 2,019. Ihnen folgen dichtauf die ungelernten Arbeiterinnen mit durchschnittlich 1,897 Kindern. Selten kinderlos sind auch Frauen, die als Reinigungskräfte arbeiten – nur knapp elf Prozent – und Frauen aus sozialen Berufen mit vierzehn Prozent. Hingegen haben fast siebzig Prozent der Geisteswissenschaftlerinnen mit Doktortitel und Frauen in Unternehmensleitungen keine Kinder.

Trotz allem dürfen wir aber nicht die Normalität aus den Augen verlieren: Ungelernte und Spitzenqualifizierte verkörpern natürlich die beiden Extreme in unserer Gesellschaft. Dazwischen gibt es nach wie vor einen großen, wenn auch schrumpfenden Block der Traditionsfamilien: Gut zwei Drittel der deutschen Bevölkerung leben in Ehe und mit Kindern, allerdings wieder nur fünfzig Prozent der Hochschulabsolventinnen. Wegen der hohen Scheidungsrate von fast vierzig Prozent wächst jedoch der Anteil der Alleinerziehenden. Dabei trifft eine Scheidung schlecht ausgebildete Frauen besonders hart: Sie haben es schwerer, eine Arbeit zu finden, von der die Restfamilie leben kann.

Die Frauen, von denen hier die Rede ist, die Hauptschülerinnen mit unsicherer beruflicher Zukunft, die sozial schlecht gestellten Alleinerziehenden, haben von den Errungenschaften der Frauenbewegung nur wenig profitiert – was noch einmal zeigt, wie wichtig das Bildungselement im Feminismus war. Wer überhaupt nicht erkennen kann, dass sich seine Berufschancen verbessern, hat offenbar auch sonst wenig Grund, von den traditionellen Rollenvorstellungen zu lassen. Der Soziologe Johannes Huinink von der Universität Bremen hat anhand von Daten aus dem Familiensurvey des Deutschen Jugendinstituts aus dem Jahr 2000 nachgewiesen, dass Schlechtausgebildete beiderlei Geschlechts »von Müttern erwarten, dass sie die Kinder zu Hause erziehen und keineswegs berufstätig sein sollen«. Ähnlich konsequent sind sie in der Ablehnung der Abtreibung, was sich überraschenderweise ja auch in meinen Gesprächen mit den Neuntklässlerinnen zeigte.

Für Menschen, denen die öffentliche Sphäre der Berufstätigkeit, gar der Politik oder auch des Vereinslebens nicht viel Anerkennung und Bestätigung zu bieten hat, ist es offenbar viel wichtiger als für die anderen, ihrem Leben durch Familie und persönliche Beziehungen einen Sinn zu geben. Und welcher weniger erklärungsbedürftige Sinn als Kinder lässt sich für Frauen denken? »Wenn die Arbeitsmarktlage schwierig und die Wahrscheinlichkeit, eine aussichtsreiche Anstellung zu finden, gering ist, erscheint Mutterschaft als Lösung für das Problem der biografischen Perspektive«, schreibt Huinink.

Die junge Frau geht also weiter zur Schule, wenn sie keinen Job findet, macht sie ein berufsvorbereitendes Jahr oder ein Langzeitpraktikum – oder sie heiratet und bekommt Kinder. Dabei scheint es wichtiger zu sein, was die Kinder für sie selbst bedeuten, als was sie eventuell für die Kinder bedeuten könnte. In der bereits zitierten Forsa-Umfrage begründen Eltern mit hoher Schulbildung ihre Entscheidung für Kinder besonders häufig damit, es sei schön, Kinder aufwachsen zu sehen. Je geringer die Schulbildung der Befragten, desto wichtiger wird das Motiv, dass man sich erst mit Kindern komplett fühle.

In meiner Gesprächsrunde in der Hauptschule sagten die jungen Frauen oft, sie hätten gern ein Kind, weil sie jemanden haben wollten, der nur für sie da sei, etwas, das sie bedingungslos lieb haben konnten. Das ist eigentlich eine sehr nette, wenn auch oft in der Praxis relativ wenig belastbare Einstellung.

Generell begegnen die Frauen im fraglichen Milieu fast allen Herausforderungen oder Entscheidungssituationen des Lebens »spontan, unüberlegt, gegenwartsorientiert«, schreiben Uta Meier, Heide Preuße und Eva Maria Sunnus in ihrer Untersuchung *Steckbriefe von Armut – Haushalte in prekären Lebenslagen.* Die Studie ist in Zusammenarbeit mit dem Bundesfamilienministerium und der Stadt Gießen entstanden und wollte zeigen, wie Armut entsteht, sollte aber auch präventive Strategien vorschlagen, die es Familien ermöglichen, mit ihrer schwierigen Situation besser fertig zu werden. Die Wissenschaftlerinnen führten in diesem Zusammenhang lange qualitative Interviews, überwiegend mit alleinerziehenden Frauen, und nahmen auf dieser Grundlage umfangreiche Haushaltsanalysen vor, die jeweils alle Familienmitglieder berücksichtigten. Außerdem sprachen sie mit »Experten«, die den Analysierten entweder als Vertreter des Staates gegenübertraten, zum Beispiel als Erzieherinnen, als Angestellte beim Sozial- oder beim Jugendamt, als Kreditgeber – der Leiter einer Volksbankfiliale – oder Vermieter – eine Wohnungsbaugesellschaft.

Die Experten berichteten nahezu übereinstimmend von ungebrochenen Rollenbildern: Die Mädchen hätten verinnerlicht, dass »Heiraten« automatisch »Kinder bekommen« heiße – und zwar mehrere. Verbreitet war auch der Eindruck, die Mütter würden immer jünger, was sich statistisch bisher allerdings nicht belegen lässt. Zwar hat die Zahl der Teenagerschwangerschaften von Mädchen unter achtzehn Jahren seit Mitte der neunziger Jahre um fünfundsechzig Prozent zugenommen, bei Mädchen unter fünfzehn Jahren gar um hunderteinunddreißig Prozent, aber in absoluten Zahlen geht es immer noch nur um ein paar tausend Fälle. Immerhin fühlen sich Zielgruppenzeitschriften wie *BRAVO* schon bemüßigt, über präventive Baby-Simulationsprogramme zu berichten: Im Rahmen von Projektwochen nehmen dabei zum Beispiel fünfzehnjährige Mädchen täuschend echte, chipgesteuerte Babypuppen mit nach Hause, die, ähnlich wie seinerzeit die kleinen elektronischen »Tamagotchis«, Aufmerksamkeit, Pflege und Fütterung verlangen. Die Babypuppen sind in der Lage, aus vollem Hals zu brüllen, und sie registrieren und dokumentieren Vernachlässigung und schlechte Behandlung. Nach einigen Tagen und durchschrienen Nächten sind die Jugendlichen meist von jeder romantischen Vorstellung von Mutterschaft kuriert.

Die Programme, die auch in den USA und Großbritannien verbreitet sind, dienen der Verhinderung ungewollter Frühschwangerschaften, und das ist richtig so. Aber sie sind natürlich reine Abschreckungskampagnen. Sie zeigen ausschließlich, wie anstrengend und belastend Kinder sind. Es kann einen schon bedenklich stimmen, dass diese Botschaft hierzulande nur noch den sozial Benachteiligten verkündet werden muss. Alle anderen sind ohnehin davon überzeugt.

Die Familienforscherinnen Meier, Preuße und Summs würden freilich starke Argumente dafür nennen können, warum es dringend nötig ist, ihre Klientel von allzu viel weiterem Nachwuchs abzuhalten. In den von ihnen untersuchten Haushalten trafen sie auf sehr schwierige Lebensverhältnisse: Häufig mangelte es den befragten Frauen an grundlegenden Kenntnissen über gesunde Ernährung oder Erziehung; die Unfähigkeit, mit dem wenigen Geld aus Sozialhilfe, schlecht bezahlten Jobs und Unterhaltszahlungen auszukommen, war weit verbreitet. Die befragten »Experten« vertraten allerdings vehement die Meinung, dass zweihundertfünfzig Euro mehr im Monat die Probleme dieser Haushalte auch nicht lösen würden: Die Leute machten Schulden, bestellten unbezahlbare Dinge im Versandhandel und gäben mehr aus, als sie sich leisten könnten, weil der Druck durch Werbung und Medien überwältigend sei. Die Frühstückstischempirie bestätigt die wissenschaftlichen Befunde: Beim Alleinerziehenden-Treffen liegt ein teures, topaktuelles Mobiltelefon neben dem anderen. Einzig die Gastgeberin und ich benutzen noch steinzeitliche Modelle. Die Hauptschülerinnen erklären durchweg, ihre liebste Freizeitbeschäftigung sei es, in der Innenstadt zu shoppen. Auch wenn »shoppen« oft nur schauen heißt: Es weckt permanent Bedürfnisse, die das Budget übersteigen.

Der Bremer Historiker Paul Nolte hat sich in seinem Buch *Generation Reform* intensiv mit den, wie er sie nennt, »neuen Unterschichten« auseinander gesetzt und weist, ähnlich wie

Uta Meier und ihre Kolleginnen, immer wieder darauf hin, dass materielle Not im Sinne von Hungern und Frieren nur ein, aber nicht mehr *das* Hauptmerkmal von Armut sei. Vielmehr fehle es an »Fähigkeiten zur Alltagsbewältigung, an der Kraft, sich dem Dauerfernsehen zu entziehen, an der (Er-)Kenntnis, dass jede selbst zubereitete Mahlzeit aus Kohl, Kartoffeln und Vollkorngetreide billiger und gesünder ist als Fertiggerichte.« Uta Meier und ihr Team würden dem noch die Schwierigkeiten hinzufügen, den eigenen Tagesablauf sinnvoll zu gestalten. Und mangelnde Hygiene. Und Alkoholprobleme.

Um es klar zu sagen: Bei dem hier beschriebenen Milieu handelt es sich nicht um die große, ordentliche, normale, (klein)bürgerliche Mitte. Ein Hauptschulabschluss gibt keine Auskunft darüber, ob jemand sein Leben gut oder schlecht beherrscht. Was ich hier versuche, ist, der Avantgarde der Kinderlosen die Avantgarde der Mütter gegenüberzustellen, die am frühesten die meisten Kinder bekommen und es sich materiell und zum Teil auch emotional am wenigsten leisten können.

Ich hielte es für komplett falsch, diesen Frauen im Sinne von Daniel Bahr ihre Kinder auszureden. In der Spontanität, der Unüberlegtheit ihrer Entscheidungen für Kinder vermag ich nicht ausschließlich ein Übel zu sehen. Offenbar erfordert Mutterschaft – wir wollen hier nicht wieder heuchlerisch von Elternschaft reden – ein gewisses Maß an Unbekümmertheit, an Bereitschaft, es darauf ankommen zu lassen. Im Aufwachsen dieser Kinder mag manches schief laufen, aber sie leben, sie sind Bündel von Chancen und Glücksmöglichkeiten. Und sie lieben in der Regel auch noch die schlimmsten, desolatesten Eltern. Es ist auch ein wenig absurd, dass die einfachste Verkäuferin es schafft, zwischen Kasse, Kindergarten und Abwasch hin- und herzuhetzen, während der Juristin, die besser planen und sich weit mehr Entlastung kaufen kann, das oft nur schwer gelingt. Und der *Jurist*, der Alltagsbeeinträchtigungen durch Kinder fürchtet, ist nur noch ein Witz.

Trotzdem wird es, wenn wir nicht in kurzer Zeit einen großen kulturellen Wandel erleben – auf den einstweilen nichts hindeutet –, die Masse der wenig qualifizierten, wenig emanzipierten, traditionell eingestellten Frauen sein, die bei uns noch Kinder bekommt. Das bedeutet aber, dass die gut Ausgebildeten, die Entscheider, die Eliten, von denen manche Leute so gern reden, ein ganz anderes Verhältnis zu diesen Kindern entwickeln müssen. Es sind unser aller Kinder. Sie bestimmen die Zukunft unserer Gesellschaft, sie sind diejenigen, die uns gegenübertreten werden, wenn wir alt sind und vielleicht gebrechlich und einsam.

Vielleicht fällt es uns ja leichter, Bildung und Erziehung für andere zu organisieren, als uns selbst noch auf die Nähe und Intimität einer Familie einzulassen. Vielleicht definieren wir dieses letzte relevante Element von Weiblichkeit, nämlich die Fähigkeit zur Mutterschaft, immer häufiger als etwas Negatives. Aber deshalb muss es uns trotzdem interessieren, wem wir in dreißig Jahren auf der Straße begegnen, wer uns pflegt, wer genug verdient, um unsere Rente bezahlen zu können. Wir haben die Wahl: Entweder wir bekommen die Kinder selbst, oder wir kümmern uns ganz anders als bisher um die Kinder anderer Leute.

Dazu gehört auch, dass die professionelle Sozialarbeit sich nicht mehr in die Tasche lügen darf. Sie muss einen Teil ihrer »akzeptierenden« Strategien über Bord werfen: Wenn hauptsächlich die Schwachen Kinder bekommen, dann müssen wir eben aus diesen Kindern Atomphysiker machen, Gerichtspräsidenten, Abgeordnete, verantwortungsvolle Bürger. Das setzt ein gewisses Maß an Bürgerlichkeit auch der Bildungsziele, der pädagogischen Einrichtungen und Methoden voraus. Dann muss im Kindergarten eben vorgelesen werden, dann gehören Theater und Konzert eben zum schulischen Rahmenprogramm, dann werden Tischmanieren eben in der Schulkantine gelernt, und warum dann nicht gleich das Essen an weiß gedeckten Tischen? Das alles kostet Geld und Zeit, aber ohne einen solchen Paradigmenwechsel in der staatlichen Erziehung werden wir eine Gesellschaft bekommen, die wir nicht wollen können: eine Gesellschaft, die schrumpft, die sich entbürgerlicht, die kulturell verarmt und in der Forschung zurückfällt. Es kann nicht angehen, dass die Oberschicht ihren vermeintlichen Nutzen maximiert und die vielfach belasteten Kinderreichen achselzuckend und pseudotolerant ihrer Unterschichten-»kultur« überlässt. Eine nur als Toleranz maskierte Gleichgültigkeit reicht laut Paul Nolte nicht aus, und »sie darf nicht als Rechtfertigung missbraucht werden, der Anerkennung solcher Kulturen einen höheren Wert beizumessen als einer politischen und gesellschaftlichen Intervention in diese Kulturen, die über den materiellen Transfer hinausgeht«. Wenn es eine soziale Polarisierung des Kinderhabens gibt, dann brauchen wir also keine nationale, sondern eine bürgerliche Leitkultur. Das kann im Einzelfall heißen, den Eltern zu zeigen, was sie kochen sollen; ihre Kinder in die Bücherei zu bringen; auch als gut verdienender kinderloser Mensch Widerstand gegen die manipulativen Mechanismen der Konsumgesellschaft zu entwickeln. Alle sozialstaatlichen Konzepte, die sich der neosozialdemokratischen Philosophie des »Dritten Weges« verpflichtet fühlen, gehen heute schon den Weg der Intervention, des »Förderns und Forderns«. Doch wer der »anderen«, der kulturellen Armut etwas entgegensetzen will, wird sich künftig noch klarer machen müssen, wen er da in den öffentlichen Bildungseinrichtungen großzieht: unser aller Kinder.

# DIE HÖCHST VERUNKLARTE VATERROLLE

*Männer und Kinderlosigkeit · Nichts zu gewinnen bei der Familienarbeit · Modernes Frauenbild · Vereinbarkeitsprobleme auch für Männer · Was Frauen von Männern nicht fordern, bekommen sie auch nicht · Tim und Annika · Was passiert, wenn das Kind da ist? · Das gesellschaftliche Bewusstsein der Väter · Männliche Selbstverwirklicher und Unentschiedene · Wer mehr Nähe braucht, hat verloren*

Der Anteil der Frauen an der Entscheidung für oder gegen Kinder ist meines Erachtens größer als jener der Männer. Frauen können selbst in den finstersten Verhältnissen nicht mehr wirklich gegen ihren Willen in die Mutterrolle gezwungen werden. An ihren beruflichen Interessen und Möglichkeiten bemisst sich der »richtige« Zeitpunkt für ein Kind – wenn es ihn überhaupt gibt. Das ist ein ungeheurer Freiheitsgewinn und, wenn Kinder zu einem immer knapperen Gut werden, de facto auch ein Machtzuwachs.

Gleichwohl gehören zum Kinderkriegen immer noch zwei, und die wenigsten Frauen starten mit dem festen Vorsatz, Alleinerziehende zu werden, in die Familienplanung. Es kommt also nach wie vor auf den richtigen Mann, Freund, Partner an. Und es ist nur schwer vorstellbar, dass sich in Fortpflanzungsfragen auf der Männerseite gar nichts geändert haben sollte, während die Frauen innerhalb von dreißig Jahren ihr Selbstbild komplett umgekrempelt haben. Stehen Männer einfach Gewehr bei Fuß, bis die taffen neuen Karrierefrauen der Meinung sind, jetzt sei es Zeit für den Nestbau, oder ziehen sie

Konsequenzen, die ihrerseits zum Geburtenrückgang beitragen? Wir sind es bisher gewöhnt, die Geburtenkrise vor allem als Folge weiblicher Selbstverwirklichung zu betrachten. Aber vermutlich haben an der Krise auch die Männer einen nennenswerten Anteil.

Immer noch überrascht es viele Teilnehmer an der demografischen Debatte, dass deutlich mehr Männer als Frauen kinderlos bleiben: fünfundzwanzig Prozent, ein Viertel aller fünfundvierzig- bis fünfzigjährigen Männer haben keine Kinder, stellt das Berliner Wirtschaftsforschungsinstitut DIW fest, aber nur 12,5 Prozent der gleichaltrigen Frauen. Das heißt: Manche Alpha-Männer haben Kinder mit mehreren Frauen. Die schlecht verdienenden, schlecht ausgebildeten Loser am unteren Ende des sozialen Spektrums hingegen bleiben überproportional oft allein. Die männliche Zeugungszurückhaltung beschränkt sich nicht wie bei den Frauen auf die akademische Avantgarde: Auch von fünfunddreißig- bis vierzigjährigen Hauptschulabsolventen leben deutlich mehr Männer allein und ohne Nachwuchs, nämlich vierunddreißig Prozent, als Frauen (neunzehn Prozent). Manche Männer mögen darauf spekulieren, dass sie, anders als die Frauen, keine biologische Grenze für die Fortpflanzung beachten müssen und sich aus diesem Grund viel Zeit lassen können. Doch auch für Männer sinken die Chancen, Vater zu werden, ab Mitte dreißig signifikant, schreibt Angelika Tölke vom Deutschen Jugendinstitut in München. Ist es für Männer weniger attraktiv, sich für Kinder zu entscheiden, wenn sie nicht mehr die verehrte und bewunderte Rolle des Haushaltsvorstands und Ernährers spielen dürfen? Objektiv können sie sich durch die Erwartungen der modernen Frauen nur begrenzt verbessern: Zu den Belastungen ihres Berufs kommen nun noch Tätigkeiten hinzu, die doch bisher auch irgendwie erledigt wurden oder die ein Single mühelos outsourcen kann. Die Beharrungskräfte in dieser Hinsicht scheinen groß zu sein, vermutlich auch, weil die Männer ihre Entscheidung für oder gegen partnerschaftliches Familienverhalten bisher nicht als gesellschaftlich relevant betrachteten, sondern, wie die Frauen ihr Verhältnis zur Mutterschaft, als etwas höchst Privates. Und höchst privat zeigen sie bisher, wie Familienministerin Renate Schmidt es einmal formuliert hat, »eine hartnäckige Distanz zum feuchten Textil«, sei es Windel oder Wischlappen.

Natürlich könnte es sein, dass gleichberechtigte Teilhabe an Hausarbeit, Einkauf und der Beschäftigung mit müden Quengelkindern für Männer einfach keine sehr verlockende Perspektive darstellt, vielmehr ein Angebot, das man leicht ablehnen kann. Eine Männerfraktion, die so denkt, existiert zweifellos. Eine größere Gruppe jedoch scheint, wie bei den Frauen, einfach zu den Aufschiebern und Abwartern zu gehören, die schließlich aus gut gemeinten Gründen am eigenen Planungswahn scheitern.

Offenbar sind es vor allem die hohen Erwartungen an ihre »aktive Vaterschaft«, die junge Männer die bewusste Familiengründung immer wieder zurückstellen lassen. Der Bremer Soziologe Thomas Kühn ist Mitautor einer Längsschnittstudie, die mehr als zweitausend junge Leute nach Abschluss ihrer Ausbildung acht Jahre lang begleitete und regelmäßig über den Status ihrer Familienplanung befragte; hinzu kamen Tiefeninterviews mit einundneunzig Probanden. Alle Teilnehmer hatten jeweils »typische« Männer- und Frauenberufe wie Kfz-Mechaniker oder Friseurin, und sie stammten zu gleichen Teilen aus der wirtschaftlich prosperierenden Gegend um München und dem strukturschwachen Raum Bremen. Die Ergebnisse der Studie sind besonders interessant, weil sie erstens zeigen, dass das »aufschiebende« Familiengründungsverhalten sich nicht länger ausschließlich auf das akademische Milieu beschränkt, und weil zweitens deutlich wird, dass die potenziellen Väter die Karrierewünsche und Gleichstellungsansprüche ihrer Partnerinnen durchaus ernst nehmen. Drittens gibt es für Männer eine ganze Reihe von plausiblen Gründen, um nicht allzu heftig auf der Verwirklichung ihres Kinderwunsches zu bestehen.

Acht Jahre nach Abschluss ihrer Ausbildung war die große Mehrheit der Teilnehmer noch kinderlos: einundachtzig Prozent der Männer und vierundsechzig Prozent der Frauen. Dabei hielten sich mit der Fortpflanzung, auch bei den Männern, nicht in erster Linie die Schlechterverdienenden zurück, die befürchten mussten, ihr Einkommen werde für mehrere Personen nicht reichen. Im Gegenteil: Wiederum waren es – wie bei den Akademikern – die materiell und von den beruflichen Perspektiven her am besten Gestellten, die besonders zögerten. Von hundertachtzehn befragten Bankkaufleuten etwa hatten nur fünfzehn nach acht Jahren schon ein Kind. Gut die Hälfte war immer noch unentschlossen, wann der richtige Zeitpunkt dafür gekommen sei. »Erschien die Familiengründung nach dem Ende der Berufsausbildung noch als ein ferner, gleichwohl aber fester Bestandteil der Biografie, über den man sich keine Gedanken machen musste, rückt die Familiengründung nun als etwas in das Bewusstsein der Akteure, dessen Realisierung nicht ohne weiteres und quasi ›von selbst‹ möglich ist, sondern das günstiger beruflicher und partnerschaftlicher Rahmenbedingungen bedarf, die nicht ohne weiteres zu erreichen sind«, schreibt Kühn.

Diese Bedingungen erscheinen jungen Männern offenbar vor

allem deshalb schwer herstellbar, weil sie durchaus zur Kenntnis genommen haben, welche Lebensziele und welche Partnerschaftsorganisation ihre Schwestern, Mitschülerinnen und Mütter – allesamt Töchter der Frauenbewegung – heute für erstrebenswert halten. Dazu gehört berufliche Eigenständigkeit ebenso wie gleichberechtigte Familienführung.

Um es polemisch auszudrücken: Mit der beruflichen Selbstverwirklichung ihrer Frauen haben die meisten Männer anscheinend kein Problem; wahrscheinlich gewöhnt man sich leicht und gründlich an den großzügigeren Lebensstil, den zwei Einkommen ermöglichen (oder der Mann ist sogar Feminist). Aber die eigenen Karrierebemühungen einschränken, um zu Hause ein guter Papa zu sein? Das wollen die wenigsten. Kühn nimmt den vielfach geäußerten hohen Anspruch seiner männlichen Befragten an ihre eigene Familienleistung zum Nennwert, und das ist gewiss erstens freundlich und zweitens teilweise berechtigt. Gleichwohl kann ich mich der Vermutung nicht völlig erwehren, dass es sich dabei auch um eine typische Schutzbehauptung handelt: Schließlich steht moralisch ziemlich unangreifbar da, wer seinen hypothetischen Erziehungsbeitrag in den schönsten Farben ausmalt – und nur leider fürchtet, ihn nicht im vollen Umfang erbringen zu können. Hingegen würde es egoistisch klingen, die eigene Unlust auf Kinder auszusprechen. Vielleicht handelt es sich also nur um eine sozial erwünschte, aber doch nicht um eine ehrliche Antwort? Auf jeden Fall, schreibt Thomas Kühn, sei die Rollenunsicherheit der Männer ein wichtiger Grund für den Aufschub des Kinderwunsches; wenn dann die Partnerin auch noch unsicher sei, potenziere sich die Verwirrung.

Zudem haben ja die Männer wirklich nicht Unrecht, wenn sie Vereinbarkeitsprobleme zwischen Familie und Beruf eben nicht nur für ihre Frauen, sondern auch für sich selbst vorausahnen. »Derjenige Mann hat im Wettbewerb um die Spitzenjobs den Vorteil«, schreibt der Publizist Dietrich Schwanitz in seinem Bestseller *Männer*, »der sich nicht auch noch um die Hausarbeit kümmern muss.« Und diese einfache Wahrheit gilt nicht nur für Spitzenpositionen: Ganz generell müssen Berufseinsteiger heute ein gewaltiges Maß an Einsatzbereitschaft, zeitlicher Präsenz und Flexibilität aufbringen. Gleichzeitig ist der erfolgreiche Berufseinstieg des Mannes immer noch eine der wichtigsten Stufen auf dem Wege zur Familiengründung. »In der Regel wird der Übergang in eine neue Lebensphase, wie er durch die Familiengründung symbolisiert wird, mit dem erfolgreichen Abschluss der vorangegangenen Lebensphase verbunden«, schreibt Kühn.

Wie emanzipiert Frauen auch sein mögen, sie wachsen mental immer noch mit zwei möglichen Lebenswegen auf: Heute steht tendenziell die Berufsbiografie im Vordergrund, aber der Rückzug ins Mutterdasein ist stets eine Option, von der auch erfolgreiche Karrierefrauen irgendwann noch gerne Gebrauch machen wollen. Für eine Frau ist es ausgesprochen schwer, sich vorzustellen, dass Männer diese Alternative nie haben, dass ihre gesamte Sozialisation darauf zielt, zumindest sich selbst, eigentlich aber auch Frau und Kinder versorgen zu können. Vor diesem Hintergrund muss man die von Thomas Kühn ermittelte Sorge vieler junger Männer, sie hätten beruflich das »Ernährer«-Niveau noch nicht erreicht, schon ernst nehmen.

Am meisten geschoben und gezogen, über Kinder diskutiert oder beredt geschwiegen wird in jenen Partnerschaften, in denen beide Aufstiegsambitionen hegen und nicht von vornherein klar ist, wer welche Rolle übernimmt. Das Vereinbarkeitsproblem verdoppelt sich: »Die Umgangsweise mit dieser Ambivalenz besteht darin, sich vorerst auf die berufliche Entwicklung zu konzentrieren und das Thema sowohl aus der eigenen Reflexion wie aus partnerschaftlichen Aushandlungsprozessen auszuschließen«, schreibt Kühn. Für die Befragten der Bremer Studie mag das stimmen, und die hier beschriebene Vermeidungsstrategie ist als Phänomen gewiss weit verbreitet. Doch wo immer kinderlose Frauen über dreißig in der wirklichen Welt zusammensitzen, gibt es kaum ein anderes Thema: Sollen wir, sollen wir nicht, wie wird er sich verhalten, müsste ich zu Hause bleiben, wem fällt das feuchte Textil zu? Vielleicht besteht ein wesentlicher Beitrag der männlichen Seite zur um sich greifenden Kinderlosigkeit tatsächlich in der hinhaltenden De-Thematisierung: Die Frau darf Karriere machen, aber er putzt nicht.

Auf der anderen Seite sollte man die Begeisterung, mit der Frauen für eine partnerschaftliche Aufteilung von Berufstätigkeit und Kindererziehung kämpfen, auch nicht überschätzen. Offenbar sind die traditionellen Rollenbilder sehr hartnäckig, vielleicht erscheinen sie mancher Frau bequem, mancher tatsächlich überlegen, mancher natürlich. Die *Frankfurter Allgemeine Zeitung* veröffentlichte im Frühjahr 2005 Umfrageergebnisse des Meinungsforschungsinstituts Allensbach, wonach über siebzig Prozent der Eltern mit Kindern unter vierzehn Jahren es für optimal halten, wenn der Mann die Haupternährerrolle in der Familie spielt und die Frau allenfalls in Teilzeit arbeitet. Nur vier Prozent aller Eltern wünschen sich, dass beide Eltern nach der Geburt eines Kindes Vollzeit arbeiten. Das relativiert ein wenig die einseitige Konzentration der Familienpolitik auf den Ausbau von Betreuungseinrichtungen. Dieser mag wichtig sein, doch eine noch größere Bedeutung hat offenbar die Sicherheit eines Paares, der Ernährer werde die Familie wirklich zuverlässig ernähren können. Dafür spricht auch, dass nach Erkenntnissen des Deutschen Jugendinstituts aus dem Familiensurvey die Selbständigen, die ja beruflich in vergleichsweise großer Unsicherheit leben, »sowohl Eheschließung als auch Vaterschaft signifikant seltener realisieren als Arbeiter, Angestellte oder Beamte«. Manche Männer müssen also feststellen, dass sie den Berufswunsch ihrer Partnerin überschätzt haben. Sie hadern mit der Erfüllung ihrer Vaterrolle – und plötzlich merken sie, dass es den Frauen mit der Karriere doch nicht so ernst ist. Werden die Männer aber gewahr, dass die Ernährerrolle ganz traditionell an ihnen hängen bleiben wird, dann schieben sie die Sache vorsichtshalber auf, bis sie Bankdirektor sind.

Die Ambivalenz zwischen diesen beiden widersprüchlichen Botschaften der Frauen muss es für Männer schwer machen, sich über ihre eigenen Aufgaben in der Kinderfrage, in einer fortschrittlichen Beziehung überhaupt klar zu werden. Ein gutes Beispiel für diese Art Ambivalenzopfer ist mein Freund Tim. Er arbeitete für eine Berliner Politikberatungsagentur, als er Annika kennen lernte, eine extrem hübsche, extrem gut bezahlte Analystin der Hypo-Vereinsbank. Er war Mitte, sie knapp unter dreißig, es schien, nach langen Jahren des Ausprobierens, bei beiden die richtige Zeit für eine feste Bindung, und folgerichtig sah man Tim nirgends mehr ohne Annika und Annika nirgends mehr ohne Tim – wenn man die beiden überhaupt traf, denn sie waren unglaublich beschäftigt, stets auf Terminen, in Meetings oder im Flieger, immer am Handy oder Palm oder Blackberry zugange. Ein echtes neues Power-Couple.

Doch nach einiger, gar nicht so langer Zeit bekam Annika

Gastritis, scheußliche Magenbeschwerden, strapaziöse Untersuchungen mit Magensonden. Sie wurde bei der Arbeit schikaniert, weil man in ihrem schnellen Business offenbar nicht akzeptieren konnte, dass jemand länger und öfter krank war, und zack! – hatte Annika ihre Stelle gekündigt, in einer Zeit, da hunderte ihrer Kollegen ganz von selbst ihre Arbeit verloren. Nun saß sie in der neuen Wohnung, die sie mit Tim teilte, nähte Gardinen, bewarb sich halbherzig auf andere Stellen, von denen sie wusste, dass sie sie nicht bekommen würde, und fiel in eine tiefe Depression. Tim versuchte ihr zu helfen, schließlich liebte er sie, aber er hatte immer noch genauso viel zu tun wie vorher. Und die Gewichte in der Beziehung verschoben sich dramatisch, jetzt, da nur er noch die Power verkörperte und sie von ihm abhängig war. Er hat nie etwas gesagt, aber ich glaube, dass ihre schnelle Kapitulation vor den beruflichen Schwierigkeiten ihn verwirrte: Hatte er nicht ganz andere Signale empfangen? Wollten sie nicht gemeinsam erfolgreich sein?

Jetzt hat Annika sich entschieden, wenigstens keine halben Sachen zu machen: Wenn es schon nicht klappt mit einer neuen Stelle, dann schnell ein, zwei Kinder, die auf diese Weise sicher ein extrem nettes Zuhause bekommen. Aber wird sie, die es eigentlich anders kennt, mit der Hausfrauenrolle auf Dauer einverstanden sein? Wird sie nicht wütend sein auf Tims Überstunden, der, wie viele junge Väter, vermutlich länger im Büro bleiben wird, um ihren Verdienstausfall wettzumachen? Sie *wird* wütend sein, obwohl das jetzige Arrangement ja eine Übereinkunft zwischen ihnen ist. Aber in solchen Abmachungen gibt es keine hundertprozentig »richtige« Lösung mehr. Es ist der Widerspruch zwischen Annikas Anspruch an sich selbst und dem ein wenig hastigen Rückzug ins Privatleben, der für

Spannungen sorgen wird. Und dieser Widerspruch betrifft eben nicht nur einzelne Paare, sondern er zieht sich durch die ganze Gesellschaft.

Die Männer orientieren sich offenbar an dem Wunsch nach beruflicher Gleichstellung und Unabhängigkeit der Frauen, aber sie heiraten nach wie vor gern Frauen (und werden gern von Frauen geheiratet), die am Ende doch zu Hause bleiben und den Kampf an der Berufsfront nicht zu Ende kämpfen. Die gesellschaftliche Praxis ist in Teilen weit reaktionärer, als es die medial vermittelten Bedürfnisse der Karriereavantgarde suggerieren. Tatsächlich suchen Frauen mehrheitlich eben immer noch den überlegenen, beschützenden Ernährertyp. Hans-Peter Blossfeld und Andreas Timm zeigen in ihrer Untersuchung zum Heiratsmarkt, dass Frauen heute grundsätzlich genauso wenig wie vor dreißig Jahren bereit sind, jüngere, schlechter qualifizierte Männer zu heiraten. Die Rollenerwartung hat sich in dieser Hinsicht nicht geändert.

Unter dem Eindruck einer neuen positivistischen Welle in den Naturwissenschaften – bis hin zu Abfallprodukten wie Allan und Barbara Peases *Warum Männer nicht zuhören und Frauen schlecht einparken* – erleben zudem biologistische Rollenbilder eine Renaissance. Als sei eine ganze Frauengeneration des ständigen Argumentierens und Erziehens müde, glaubt die Gesellschaft plötzlich wieder an angeborene Unterschiede und naturgegebene Verhaltensweisen zwischen den Geschlechtern.

Es ist ein interessantes Nebenergebnis der Kühn'schen Längsschnittstudie, dass nahezu alle Paare, die eine Familiengründung planten oder bereits eine klassische Rollenaufteilung gewählt hatten – er verdient das Geld, sie versorgt die Kinder und hat allenfalls einen Teilzeitjob –, ihre Form der Familienorganisation biologisch begründeten. Es sei doch natürlich für eine Mutter, bei ihrem Kind zu bleiben; sie habe es ausgetragen, das bedeute nun einmal größere Nähe; sie stille schließlich. Diese auf breiter Front und durchaus auch von Frauen vorgetragenen Motive, schreibt Kühn, erinnerten teilweise an Einstellungen von konservativen Männern aus den fünfziger Jahren.

Man kann die Verbreitung solcher Überzeugungen als reaktionär beklagen. Doch erstens muss man sie, wenn man sich über die Lage junger Eltern heute verständigen will, zur Kenntnis nehmen. Zweitens dürften sie Ausdruck eines gesellschaftlichen Mainstreams sein, der zurzeit mehr zum Glauben an die genetische Programmierung als an das Vertrauen in Erziehung und Persönlichkeitsbildung neigt. Am Ende ist immer alles bequemer, was »natürlich«, also nicht mühsam durch kulturelle Anstrengungen zu verändern ist. Und drittens ist hochspannend, wie sich der Widerspruch zwischen einer weit verbreiteten, eher traditionellen Praxis und einer Frauen- und Familienpolitik auswirkt, die sich vor allem an der kinderlosen akademischen Avantgarde orientiert. Meine Vermutung ist, dass die offizielle Art und Weise, in der wir heute über Familie, Beruf, Karriere, Vereinbarkeit und Kinder sprechen, weder Hausfrauen noch Karrierefrauen besonders glücklich macht und der Geburtenrate nicht den geringsten positiven Impuls gibt.

Aber betrachten wir noch einmal, und zwar aus männlicher Sicht, jene Familiensituation, die sich doch immer wieder als Standardsituation herausstellt: Man hat eine Weile partnerschaftlich zusammengelebt, abwechselnd den Müll hinausgetragen, gemeinsam gekocht, er hat vielleicht etwas öfter Lampen montiert, sie etwas häufiger Betten bezogen; man hat jeweils seinen eigenen Freundeskreis gepflegt und zusätzlich einen gemeinsamen, ist zusammen in den Urlaub gefahren, aber Weihnachten jeweils zu den eigenen Eltern; man hat gearbeitet und sich gegenseitig über die Arbeit vorgejammert. Dann kommt ein Kind. Wahrscheinlich, weil beide das geplant hatten, vielleicht ist es aber auch einfach passiert. Was dann? Ich finde es ausgesprochen schwer, mir auszumalen, was ein Mann empfindet, wenn die Frau oder Freundin ihm mitteilt, dass sie schwanger ist. Ich kenne Freunde und Kollegen, die voller Freude und Begeisterung davon berichten, dass sie Nachwuchs erwarten – aber bei genauem Hinsehen sind das meistens Männer, die mehrere Geschwister haben und für die »Familie« unverrückbar zum Lebensentwurf gehört. Aber die anderen? Für uns Frauen läuft während Schwangerschaft und Geburt ein relativ klares Programm ab, das es uns ermöglicht, uns an den Gedanken der Elternschaft zu gewöhnen – auch wenn ich aus den Bondingsekunden nach der Entbindung eben nicht biologistisch schließen möchte, dass die Frau drei Monate später den Abwasch machen muss. Auf der weiblichen Seite sind jedenfalls Gefühle vorhanden, die Männer sich erst bewusst erarbeiten müssen. Sie wissen, dass das von ihnen erwartet wird, sie wollen es wohl auch, aber gewiss ist es nicht ganz leicht, ein brüllendes rotes Baby ohne Haare spontan und instinktiv zu lieben.

Und dann neigen Frauen auch noch dazu, alles besser zu können und jede bemühte und engagierte Aktion in Richtung Windeln, Baden oder Füttern zu kritisieren oder gar durch Eingriffe zu verbessern. Unter solchen Bedingungen zieht ein Mann sich wahrscheinlich nicht ungern an seinen Arbeitsplatz zurück, der schließlich auch ausgefüllt sein muss, wenn die Familie zu essen haben soll. Genau an dieser Stelle rastet das alte Rollenklischee ein, jedenfalls wenn, wie in der überwältigenden Mehrzahl der Fälle – nur fünf Prozent der Väter nehmen Elternurlaub –, von Anfang an klar ist, dass die Frau erst einmal zu Hause bleibt. Und das wird sie tun, wenn der Mann, unserem Standard-Paarungsverhalten entsprechend, etwas älter ist als sie und den besseren Job hat. Wir führen ständig Klage darüber, dass er nach Dienstschluss nicht mehr im Haushalt mit anpackt und sich nicht um die Kinder kümmert. Aber erstens signalisieren Frauen häufig, dass sie all dies ohnehin besser könnten; und zweitens sollten wir ehrlich sein: Das Letzte, was ich mir als berufstätige *Mutter* wünschte, war, sofort nach der Arbeit ein Bügeleisen oder ein nach Aufmerksamkeit verlangendes Kleinkind in den Arm gedrückt zu bekommen. Es ist legitim, sich nach einem vollen Arbeitstag erst einmal entspannen zu wollen, aber es steht im Widerspruch zu den Interessen der Kinder, die sich netterweise freuen, den Vater/die Mutter abends zu sehen, und im Widerspruch zu den Bedürfnissen des anderen Elternteils, der den ganzen Tag mit den Kleinen zusammen war.

Henning Sussebach hat für die *ZEIT* sechs Mitväter aus seinem Geburtsvorbereitungskurs und sich selbst porträtiert, ohne repräsentativen Anspruch, aber doch in dem Gefühl, dass in dieser Runde eine Menge Erfahrungen und Einstellungen junger Väter deutlich wurde, die allgemein Geltung haben. Das traditionelle Modell dominierte auch in dem von ihm beobachteten Kreis: »Schon während der Schwangerschaft war der Aufwand zwischen Männern und Frauen nicht gleich verteilt, und danach ging es so weiter: Weil wir Männer bereits vor der Geburt unserer Kinder mehr verdienten als unsere Frauen, wurde niemand von uns ernsthaft vor die Frage gestellt, ob nicht besser er mit dem Kind daheim bleiben solle. Während sich der Alltag der jungen Mütter also komplett veränderte, blieb unserer im Takt der Arbeit weitestgehend gleich.«

Sussebach schildert die jungen Väter, sich selbst eingeschlossen, als Wesen voller Widersprüche: »Wir halten die gemeinsame Zeit mit unseren Kindern für das Kostbarste überhaupt und lieben doch unsere Arbeit. Wir prahlen mit der Erkenntnis, dass wir erst als Väter ins richtige Leben eingetreten sind, und beneiden unsere kinderlosen Kollegen doch um deren Freiräume. Wir alle haben wunderbare Wunschkinder bekommen, schimpfen aber über die finanziellen Folgen der neuen Familiensituation, als sei da eine unabwendbare Katastrophe über uns hereingebrochen.«

Die Widersprüche, mit denen sich berufstätige Mütter seit je herumschlagen – zu wenig Freiraum für den Job, trotzdem zu wenig Zeit fürs Kind –, erleben moderne Männer offenbar ähnlich. Und immer der Zweifel: Darf ich zu Hause erzählen, dass die Arbeit Spaß macht, oder bricht sie dann in Tränen aus, weil sie einen langweiligen Tag auf dem Spielplatz hatte? Darf man »langweiliger Tag auf dem Spielplatz« überhaupt denken? Dürfen Männer sich insgeheim wünschen, dass ihre Frauen wieder arbeiten, wegen des Geldes und wegen der Gesprächsthemen?

Es gibt keine gesellschaftliche Norm mehr, die einem Mann Vaterschaft vorschreibt, weil er ohne Familie etwa kein vollständiger Mann, kein vollständiger Erwachsener oder kein vollständiger Arbeitnehmer wäre. Aber offenbar fördert Elternschaft die Bereitschaft, in gesellschaftlichen Kategorien zu denken, zumal, wenn es um Kinderlose geht: Ob diese nicht doch mit höheren Steuern zu belegen seien, fragt sich Sussebach; und ob die Tatsache, dass ein Mann mit Ende dreißig immer noch kein Kind habe, wirklich nur Schicksal sei oder doch ein auf die Spitze getriebener »Jetzt will ich aber erst noch ein Jahr ins Ausland«-Individualismus? Die erwähnte Forsa-Umfrage zur Elternschaft bestätigt diese Beobachtung: Eltern empfinden die Tatsache, dass sie Kinder haben, durchaus als gesellschaftlichen Beitrag, Männer deutlich stärker als Frauen. Kinderlosen hingegen erscheint der »gesellschaftliche« Wert von Kindern weitgehend irrelevant.

Elternschaft, sagt der Familiensoziologe Bernhard Nauck, sei im Grunde die einzige unaufkündbare Verpflichtung in der modernen Multioptionsgesellschaft, die lebenslang verbindlich bestehe. Natürlich gibt es auch Menschen, die diese Verantwortung konsequent ablehnen. Kinderlosigkeit bei Männern ist als Phänomen wenig erforscht, und ebenso, das beklagt der Bevölkerungswissenschaftler Jürgen Dorbritz, konzentrierten sich Untersuchungen meist auf ungewollte Kinderlosigkeit: Was aber ist mit jenen, die von Anfang an keine Kinder wollten? Man darf vermuten, dass darunter auch ein erheblicher Teil jener männlichen Selbstverwirklicher ist, über die Sussebach ein wenig mokant berichtet. Denn im Gegensatz zum weiblichen Selbstverwirklichungstyp fehlt ihnen der Druck der biologischen Uhr, sich der Kinderfrage in irgendeiner Form zu stellen. Vaterschaft ist weder biologisch noch sozial ein so starkes Definitionselement der eigenen Person wie Mutterschaft oder deren Ablehnung.

Viele beruflich erfolgreiche Frauen, die aufgrund ihres Lebensalters allmählich über Kinder nachzudenken beginnen, berichten, wie nachteilig ein zu früh eingestandener Kinderwunsch auf dem Beziehungsmarkt wirkt: Er sei ein echtes Handicap, Männer seien nach einem Kindergespräch oft schneller verschwunden, als man blinzeln könne. Sogar der von extrem reaktionärem Geist durchwehte (dabei ungeheuer erfolgreiche) amerikanische Heiratsratgeber *The Rules* von Ellen Fein und Sherrie Schneider, der einzig und allein auf das Ziel hin berät, Frauen einen Ehemann und Kinder zu verschaffen, warnt dringend vor jeder Erwähnung derartiger Sehnsüchte. Natürlich »schaden« studierten, voll erwerbstätigen Frauen über dreißig schon ihr hoher sozialer Status und die Tatsache, dass die meisten familienorientierten Männer, die für sie in Frage kommen, bereits gebunden sein dürften.

Es muss eine relativ große Männerrestgruppe geben, die sich die Ernährerrolle auf keinen Fall aufzwingen lassen will und die ihre persönliche Freiheit mehr schätzt als eine Verantwortung, deren Übernahme eigentlich niemand von ihnen einfordert – höchstens die eine oder andere Kinderwunsch-Frau, die man beim Salsakurs kennen gelernt hat, vor der man aber auch jederzeit und ohne schlechtes Gewissen wieder weglaufen kann. Zu dieser Haltung trägt bei, dass ein Kind zwar heute im allgemeinen Bewusstsein nicht zwingend als Voraussetzung für Erwachsensein gilt, dass aber Elternschaft und Familiengründung assoziativ eng mit dem »Ende der Jugend« verbunden sind. Jugend gilt in unserer Gesellschaft als hohes Gut, und was sollte gerade einen beruflich erfolgreichen Mann mit großem Freundeskreis daran hindern, sie möglichst lange auszudehnen und auszukosten?

Es mag sein, dass eine Familie in konservativen Kreisen noch als notwendiger Ausweis von Seriosität gilt, aber selbst diese Norm dürfte in dem Maße untergraben werden, in dem die Wirtschaft weiterhin auf der Flexibilität und unbedingten Verfügbarkeit ihrer jungen Mitarbeiter besteht. Dann gibt es keine Instanz mehr, vor der jemand wie der Held aus Andreas Lauderts Roman *Die Unentschiedenen* sich zu rechtfertigen hätte: »Weder wusste Christoph, was es bedeutete, eine Frau zu begehren, noch, ob er jemals begehrt hatte. Wenn es stimmte, dass die Anziehung, die ein Mensch auf andere ausübt, auf der Macht des Willens beruht, dann war es bei Christoph umgekehrt. Manche fanden die Gleichgültigkeit anziehend, die von ihm ausging. In Wahrheit wusste er bloß nicht, was er wollte. Nie kam er über das verspielte Beginnen hinaus, das zu nichts verpflichtete. Er ertrug es nicht einmal, durch seine eigenen Wünsche zu etwas verpflichtet zu sein. Manchmal schaute er eine Frau lange an oder verwickelte sie beherzt in ein Gespräch, bis ihre Liebe erwachte, zumindest ein Teil ihrer Begierde. Doch dann schlief etwas in ihm ein, meistens das Entscheidende. Christoph hasste es, sich entscheiden zu müssen, und er witterte diese Pflicht in nahezu allem, was sich ereignete.« Es gibt durchaus auch Frauen wie Christoph. Aber sie würden auf ihrem Ego-Planeten immerhin gelegentlich durch die Frage verunsichert, ob es richtig war, sich nicht für Kinder entschieden zu haben – einfach weil sie die Wahl gehabt hätten.

Betrachten wir die Beziehungen von Männern und Frauen allein unter dem Gesichtspunkt von Kosten und Nutzen, so bringt die moderne Gesellschaft den Typus Christoph geradezu massenhaft hervor. Neues ist immer besser als Altes. Wer sich festlegt, hat verloren. Sex gibt es ohne Vorleistung, ohne Eheversprechen, ohne Zustimmung der Eltern, ohne Werbung um das Objekt der Begierde. Alles andere, vom Hemdenbügeln bis zur Nahrungszubereitung, können Männer outsourcen. Der Berliner Familiensoziologe Hans Bertram hält es für plausibel, dass die sexuelle Befreiung, auch die der Frauen, heute hohe Kosten für die Frauen produziert: Weil sich für sie eben die Kinderfrage und damit das Bedürfnis nach Nähe, die Angewiesenheit auf eine Beziehung, irgendwann in anderer Weise stellt als für Männer. Doch wer auf dem freien Markt Zusatzansprüche erhebt, hat schlechte Karten. »Der Sex, früher ein knappes Gut, ist frei verfügbar«, schreibt Dietrich Schwanitz in *Männer* und nähert sich damit dem Phänomen der verantwortungslosen Männer gleichsam von der anderen Seite: Während den Frauen ihre Kinderwünsche auf dem Beziehungsbasar zur Hypothek werden (und sie deshalb manchmal zu unschönen Manipulationen greifen), ist für die Männer jede soziale Motivation zur Vaterschaft weggefallen. Denn Vaterschaft, so Schwanitz, sei ihnen historisch einerseits durch die sexuelle Kontrolle über ihre Frau, andererseits durch den Stolz auf die Söhne versüßt worden. Doch heute bestehen Familien laut Schwanitz nicht mehr als Sippen mit biblischen Stammbäumen, und die Frau ist sexuell selbstbestimmt. Daraus ergeben sich für Männer Ausweichmöglichkeiten und ein ungleich niedrigerer Antrieb, selbst eine Familie zu gründen; zudem schleicht sich der alte Zweifel wieder ein, den die »soziale Vaterschaft« erst befrieden sollte: Ob das Kind, für das *er* als Vater aufkommen, sorgen und Unterhalt zahlen solle, tatsächlich von ihm sei. Die Leidenschaft, mit der viele Männer sich im Augenblick gegen das Verbot heimlicher Vaterschaftstests an Kindern wehren, beweist, dass es sich bei dieser Sorge nicht um eine von dem Literaturwissenschaftler Schwanitz an den Haaren herbeigezogene männliche Überlieferung handelt, sondern um ein im Jahr 2005 real existierendes Problem. Auch mit seinem Fazit hat Schwanitz Recht: »Werden nicht neue Prämien für die Vaterschaft erfunden, werden sich die Väter aus dem Staube machen.«

Sie werden es nicht nur, sie tun es schon: offenbar in ähnlichem Umfang, wenn auch zum Teil aus anderen Gründen als die kinderlosen Frauen. Beide laufen vor etwas weg, was neben aller unbestrittenen Mühe ihr Leben bereichern könnte. Und die einzige Chance, daran etwas zu ändern, besteht in einem neuen Leitbild des Erwachsenen. Danach könnte eigentlich niemand ein vollständiges Leben führen, der nicht wenigstens einmal versucht hat, ganz für ein Kind da zu sein.

# DIE SINGLE-ÄSTHETIK

*Auch Milliardärsfrauen wollen keine Parasiten sein · Doris Day als Rollenbild vom anderen Stern · Die Praxis ist noch traditionell-familiär, aber die Single-Ästhetik dominiert · Das Dummchen in der Frauenliteratur · Die aggressiven Singles · Weibchenhaftigkeit mit Absicht · Biologie? · Susi · Deprimierte Mädchen? · Schlankheitswahn und Produktcharakter der Frau · Wahnsinn · Neue Härte, keine Tränen mehr · Winzige Gegenentwürfe · Kapitalismuskritik*

Anlasslich einer Recherche auf Sylt geriet ich einmal in die Situation, mich mit der jungen, attraktiven Gattin eines Milliardärs unterhalten zu müssen, während ein Kollege den wichtigen Mann bei einem Spaziergang in den Dünen zu irgendeinem bedeutenden Thema befragte. Wir saßen in der »Sansibar«, jenem Strandbistro, das es auf wundersame Weise zu deutschlandweitem Schickimicki-Touristenruhm gebracht hat. Ich war leicht gereizt: genervt von der Arbeitsaufteilung; genervt von dem Theater, das der Wirt um die Milliardärsfrau und deren kleine Tochter veranstaltete; gebeutelt ein wenig auch vom Sozialneid auf diese Edelgemahlin, die so gut aussah und so offensichtlich genügend Zeit für Sport und Körperpflege hatte, von wahnsinnigen Klamotten ganz zu schweigen. Trotzdem schäme ich mich für mein billiges Triumphgefühl, als ich sie fragte, was sie denn so beruflich mache. Sie zögerte, hmmte und äähte und sagte schließlich, sie begleite eigentlich hauptsächlich ihren Mann, der sei nun mal so viel unterwegs zwischen den Staaten und Deutschland und mit der kleinen Tochter, also na ja …

In diesem Moment wurde mir klar, dass wir in Deutschland eine Gespensterdiskussion führen, wenn wir immer noch leicht weinerlich die berufstätige Mutter gegen den »Rabenmutter«-Vorwurf verteidigen. Die öffentliche Meinung sieht Frauen heute als berufstätig an, ganz egal, ob sie Kinder haben oder nicht. Nicht einmal die Luxusgattin kann noch mit Selbstbewusstsein dazu stehen, dass ihr Ehemann sie aushält – obwohl sie an seiner Seite sicher neben der Kindererziehung und der Beaufsichtigung des Personals wertvolle gesellschaftliche Arbeit leistet. »Ich bin Hausfrau, und das ist gut so« ist ein Satz, der ebenso wie »Mädchen können das nicht« heute unaussprechlich ist. Es gibt keine soziale Norm mehr, die Frauen Kinder vorschreibt; es gibt keine Norm, die sie zwingt, diese Kinder zu Hause zu erziehen. Hingegen erstarkt die Sichtweise, dass es schädlich für die Volkswirtschaft und schädlich für sie selbst sei – in dieser Reihenfolge – wenn Frauen sich dem Arbeitsmarkt durch ein Hausfrauendasein entzögen.

Alte Hollywoodstreifen wie *Was diese Frau so alles treibt* aus dem Jahr 1962 wirken heute wie von einem anderen Stern: Die entzückende junge Mutter Doris Day vernachlässigt ihren tollen Arzt-Ehemann und ihre beiden Bilderbuchkinder, weil sie als Model für »Happy-Seife« Karriere macht. Drehtermine statt Schulbrot, laszive Auftritte am Swimmingpool statt Hausaufgabenkontrolle. Erst als die rollenunkonforme Gattin mitbekommt, wie ihr Mann unter dramatischen Bedingungen in Taxi und Verkehrsstau einer Schwangeren hilft, ihr Baby zur Welt zu bringen, begreift sie wieder, was die wirklich wichtigen Dinge im Leben sind, und sagt den höchst pädagogisch gemeinten Satz: »Oh! Gerald! Ich will wieder eine richtige Arztfrau werden!« Schluss mit Happy-Seife, Schluss mit Karriere – Happy End. Wie gesagt, vom anderen Stern.

Auf das sich wandelnde Frauenbild der vergangenen dreißig Jahre haben solche späten Rettungsversuche keine Wirkung gehabt. Allerdings setzten sich die »fortschrittlichen« Rollendefinitionen durchaus nicht problemlos und ungehemmt im wirklichen Leben durch: Beruflicher Erfolg mag ein wichtiges Ziel für junge Mädchen sein, aber weit mehr als zwei Drittel derjenigen, die Eltern sind, finden, dass die Mutter kleiner Kinder höchstens Teilzeit arbeiten sollte. Neunzig Prozent der Deutschen nennen »Familie« als herausragend wichtiges Lebensziel, aber nur sechs Prozent den Beruf. Die Gesellschaft spaltet sich in gut zwei Drittel Familien und ein Drittel Kinderlose, und doch scheinen es eher die Bedürfnisse und Wünsche dieses kinderlosen Drittels zu sein, die modernes Rollenverständnis prägen: Die Single-Ästhetik ist viel stärker als das Zuhausebleiber-Image, Mutterschaft und Ehe genügen längst nicht mehr als Lebensinhalt.

David Lodge, ein britischer Literaturwissenschaftler und Erfolgsautor, hat in seinem Roman *Saubere Arbeit* die junge, kämpferische Hochschuldozentin Robyn Penrose beschrieben, deren radikalfeministische Vorlesungen bei den Studierenden sehr beliebt sind: Sie kritisiert unter anderem die sowohl hilflose als auch frauenfeindliche Haltung jener Autoren des 19. Jahrhunderts, die sich mit den sozialen Folgen des industriellen Kapitalismus in England auseinander gesetzt hatten. »Das Einzige, was sie ihren Heldinnen als Lösung ihrer Probleme anbieten konnten, waren Ehe, Erbschaft, Auswanderung oder der Tod«, sagt sie sinngemäß.

Es ist Lodges privater kleiner Scherz, dass seine Heldin am Ende genau diese Auswege des 19. Jahrhunderts vor Augen hat, als sie entscheiden muss, wie es mit ihrem Leben nach dem Auslaufen ihrer Forschungsstelle weitergehen soll. Der Autor bietet ihr freilich eine fünfte Möglichkeit an, die Lösung des 20. Jahrhunderts: einen festen Uni-Job, eine Stelle im öffentlichen Dienst. Und jeder Leser wäre sehr enttäuscht von Robyn Penrose, wenn sie sich für irgendeine der anderen Varianten entscheiden würde. Keine Frau braucht nach landläufiger Meinung heute Kinder zu bekommen, viele tun es aber. Jede sollte heute in einem Beruf arbeiten, viele tun das aber nicht oder nicht gern. Bücher, Filme, Werbespots thematisieren derweil vor allem das Leben der versingleten, jungen, gebildeten Oberschicht, und für diese Leute wird, wie wir sehen werden, auch der Großteil der familienpolitischen Rhetorik entwickelt.

Diese Diskrepanz begründet ein Spannungsverhältnis, das heute vermutlich alle Frauen empfinden, die mit den Botschaften der Frauenbewegung aufgewachsen sind. Es gibt kein automatisch »richtiges« Leben mehr, keinen konventionellen »guten« Weg. Der neue Weg, der uns nahe gelegt wird, der Weg der erfolgreichen Karrierefrau, stößt sich permanent an den vielen Ecken und Kanten der Wirklichkeit, mit der Folge, dass Unglück definitiv zu dem neuen Frauenbild gehört. Die Familienfrauen fühlen sich schuldig, weil sie den allseits geforderten Modernisierungsschub nicht vollziehen; die kinderlosen Frauen kommen nie ganz drum herum, zum Thema Mutterschaft Stellung zu nehmen, und sei es ablehnend. In die Debatte schleicht sich eine ökonomische Schuldzuweisung: Die Hausfrauen prellen die Volkswirtschaft um ihre Arbeitskraft! Die Kinderlosen fördern den demografischen Zusammenbruch!

Angesichts der Tatsache, dass so viele Frauen in irgendeiner Form mit ihrer überlieferten Rolle und ihrer neuen Pflicht zur Freiheit ringen, ist die viel zitierte »Vereinbarkeit von Familie und Beruf« in den meisten kulturellen Erzeugnissen für Frauen von erstaunlich untergeordneter Bedeutung. Romane, Filme und Frauenzeitschriften erzählen eine andere Geschichte, bieten heute ein Rollenbild an, das mit Kindern nichts zu tun hat: das der jungen, großstädtischen Singlefrau. Sie ist knapp über dreißig, hat einen Beruf – allerdings in der Regel keinen allzu anspruchsvollen –, sie hat viel Spaß mit ihrem Freundeskreis – zu dessen Standardausstattung mittlerweile ein schwuler Freund gehört –, und sie verfolgt eigentlich nur ein Ziel im Leben: endlich den richtigen Mann zu finden. Dazu sind Regalmeter von Selbsthilfebüchern notwendig, endlose Telefonkonferenzen mit den Freundinnen, stundenlanges Meditieren über der richtigen SMS-Formulierung. Bridget Jones, Cora Hübsch, Ally McBeal, in diesen Fragen sind sie alle gleich.

Gewiss gibt es einen Markt der tatsächlich Betroffenen für diese Erzählungen, für die Flirttipps in den Frauenzeitschriften, für die Internet-Chats, für all die kommerziellen Beziehungsanbahnungsangebote: Rund vierzehn Millionen »Singles« leben in Deutschland; wenn wir ältere verwitwete Menschen abziehen und solche, die mit ihrem Alleinleben ganz zufrieden sind, bleiben zwischen vier und acht Millionen überwiegend junge Leute, die mehr oder weniger dringend einen Partner suchen. Nehmen wir an, dass die Hälfte davon Frauen sind, so ergibt das schon eine ganz nette Leser- oder Zuschauerschaft für die Produkte der Single-Ästhetik.

Doch allein die Romane von Ildikó von Kürthy *(Mondscheintarif, Herzsprung, Freizeichen, Blaue Wunder)* erreichen ein Vielfaches an Auflagenzahlen: Das Publikum ist demnach weit größer als die echte Singlegemeinde, die Bücher sind offensichtlich auch für gestresste Hausfrauen und gehetzte Büromütter attraktiv. Darin könnte ein Teil der Erklärung für die kulturelle Dominanz der Single-Ästhetik liegen. Denn wenn wir ehrlich sind, bietet das szenige Alleinleben einer Bridget Jones in London als Beute attraktiver, aber schlimmer Machos wie Daniel Cleaver (im Film: Hugh Grant) dramaturgisch mehr Möglichkeiten als der tägliche Kampf mit der Kindererziehung, mit einem Job, der auch nicht jeden Tag Überraschungen bietet, oder mit der nagenden Frage, ob die Beziehung zum eigenen Ehemann wirklich alles sein soll, was man an sexuellen Eskapaden je erleben wird. Kinder und Ehe sind seit Doris Days Zeiten irgendwie immer noch das Ende der Geschichte, deshalb ist über Mütter und Ehefrauen auch nicht mehr sehr viel zu sagen. Wir leben in einer Zeit, in der man fest an Optionen glaubt, an Biografiedesign, an Neuwagen – und stets fürchtet, seine Chancen vielleicht nicht optimiert zu haben. Zu diesen Befürchtungen liefern die Single-Erzählungen die entsprechenden Sehnsüchte.

Es ist allerdings erstaunlich, wie wenig die Singlekultur mit Emanzipation zu tun hat, und wie wenig mit Erwachsenwerden. Vordergründig geht es zwar um Unabhängigkeit, aber im Ergebnis ist der Hauptpreis für alle Bemühungen doch immer ein Mann – der eigene Beruf spielt nicht wirklich eine Rolle, und mit intellektuellen Errungenschaften will man mögliche Partner lieber nicht verschrecken. In *Freizeichen* beschreibt Ildikó von Kürthy die Phasen einer erfolgreichen Beziehungsanbahnung, jeweils gekoppelt an eine bestimmte Sorte gefärbter Kontaktlinsen. Man beginnt mit »Royal Blue« und gibt sich unkonzentriert und leicht desinteressiert, bis man den fraglichen Mann einigermaßen sicher an der Angel hat. Dann wechselt man zu »Evergreen«: »Jetzt ist die Zeit gekommen, wo man es wagen sollte zu offenbaren, dass man nicht nur gut gelaunt und gut im Bett ist, sondern auch eine weiterführende Schule besucht hat«, lässt Ildikó von Kürthy ihre Heldin sagen.

»Frauen, die in Harvard studiert haben oder mehr als hundertfünfzigtausend Euro im Jahr verdienen oder nächste Woche den Oscar für die beste weibliche Hauptrolle bekommen, sollten diese Informationen unbedingt erst am Ende von Phase Grün preisgeben, wenn überhaupt.« Ildikó von Kürthy spielt, wie viele Autorinnen der so genannten *ChickLit*, der Literatur für Hühnchen, mit Klischees über Männer, vor allem aber über Frauen. »Wir sind ja nicht wirklich so, nicht so doof und nicht so manipulativ«, steht unsichtbar zwischen jeder Zeile. Es ist doch nur listig, so zu tun als ob. Und ganz lustig.

Ildiko von Kürthy selbst allerdings achtet sehr wohl darauf, dass ihre Heldinnen weder Männer noch potenzielle Leserinnen intellektuell verschrecken. Über ihr gesamtes Werk hin hat sie ihre Charaktere so weiterentwickelt, dass sich garantiert nicht nur Studentinnen, sondern auch Reiseverkehrskauffrauen und Aerobictrainerinnen mit ihnen identifizierten können. Kommerziell ist das legitim, inhaltlich ein bisschen enttäuschend. Am Ende steht ein Frauenbild, demzufolge Freiheit bedeutet, ständig hinter Männern herhühnern zu können.

Ein bisschen ironischer, aber im Kern ähnlich, entwirft die Britin Helen Fielding ihre Bridget Jones: Auch dieser Heldin des Alleinlebens geht es nicht wirklich um den Job, sie kann in einem Verlag beschäftigt sein oder beim Privatfernsehen, Arbeit ist für sie nur ein notwendiges Übel zum Geldverdienen und zur Partnersuche. Bridget und ihre Freundinnen sind im feministischen Diskurs durchaus bewandert; Freundin Sharon zum Beispiel zitiert ebenso oft aus Susan Faludis einflussreichem Buch *Backlash* wie Bridget aus Beziehungsratgebern. Aber feministisch wird nur argumentiert, solange es passt. Als Sharon in einer Kneipe eine laute und ärgerliche feministisch angehauchte Tirade über Freundin Judes schwierigen Partner

Richard und das Patriarchat im Allgemeinen von sich gibt, zischeln Jude und Bridget entsetzt: »Schscht, schscht!« – »Schließlich«, sagt Bridget, »gibt es nichts, was Männer so unattraktiv finden wie radikalen Feminismus.«

Jeder weiß, dass das Alleinleben und die tägliche Partnerjagd ihre anstrengenden, traurigen und deprimierenden Seiten haben. Es ist auch keineswegs so, dass die einschlägigen Autorinnen oder Autoren diese Aspekte verschweigen, sie fallen nur nie wirklich ins Gewicht. Möglicherweise wirken die Suchen-und-finden-Geschichten gerade deshalb auf normale Familienbürger so faszinierend: Dieses Leben ist schick, weil es anders ist, etwas, das man selbst nicht hat. Als Real- und Dauerzustand, das sagt einem jeder Single über dreißig, hat es seine Härten.

Es gibt aber durchaus Leute, die diese Härte zum Programm machen möchten. »Es gibt Weiber, und es gibt Sheriffs«, schreibt Lilli Vorbek im Zielgruppenmagazin *Neon*: »Das hat nichts mit dem Geschlecht zu tun.... Weiber sind weich, und Sheriffs sind hart. Weiber müssen sich als Pärchen erden, Sheriffs halten die Weite des Alls aus, allein, ohne in ihre Atome zerlegt zu werden. Ich bin ein Sheriff. Und ein Single, mit allem, was man braucht: Ich habe einen schwulen Freund*, mit dem ich bei Wodka auf meinem Sofa die Sonntage verbringe. ... Ich habe eine allerbeste Freundin – Single –, mit der ich Wohnung und Freundeskreis teile. Dieser besteht aus Singles und Pärchen, wobei ich mich zu den Singles eher hingezogen fühle, weil Pärchen mit zunehmender Pärchenzeit zunehmend betulich werden.«

* Bridget Jones' schwuler Freund Tom sieht eine strategische Allianz zwischen Schwulen und Singlefrauen über dreißig: Beide sind daran gewöhnt, ihre Eltern zu enttäuschen und von der Gesellschaft mit Argwohn betrachtet zu werden.

Nur solange man einander nicht habe, schreibt Lilli Vorbek, bleibe der Film spannend – oder das Leben. Jeder Ausgehabend sei wie ein Griff in die große Tombolaschüssel. Paare hasst Lilli Vorbek wirklich sehr, und ich muss sie noch ein bisschen weiter zitieren – nicht weil ich ihr vorwerfen will, dass sie mit derartigen Texten, die ja niemand lesen muss, Unheil anrichtet, sondern weil daraus ein Maß an Egoismus und Verantwortungslosigkeit spricht, das ich jedenfalls nicht gern als Grundton in unserer Gesellschaft hören würde: »Ihr bildet mit eurem Weibchen oder Männchen eine Zelle, in der ihr sicher seid, Langzeitpärchen! Ihr habt euch, ihr müsst nicht mehr schillern, ihr müsst nicht mehr lustig sein.... Ich fühle mich nicht wohl in eurer Runde und finde dann schnell meine Stimme zu laut. Ich hasse die bewussten Rezepte, nach denen ihr kocht. ... Und jetzt das Schlimmste: Wie bald sich in euren Langzeitbeziehungen das Sexloch auftut (und eure Weibchen erzählen's mir immer, hört mir auf, ich weiß Bescheid), ihr wie Bruder und Schwester miteinander lebt. Spätestens bei diesem Thema ist mir vollkommen unverständlich, warum man noch zusammenbleibt. Der Akt ist der Grund für die Pärchenbildung, fällt er aus, ist der Sinn der Verbindung zerschlagen. Und trotzdem: Ihr lebt zusammen.«

Die ganze Härte-und-Einsamkeit-Rhetorik der Autorin, in der Kinder natürlich gar keinen Platz haben, Sinn stiftende Arbeit aber auch nicht vorkommt, endet dann vollkommen irrwitzig mit dem folgenden Kitschbild: »Der Abend [in der Kneipe] wird schön, und beim Rausgehen streichle ich die schwarzen Hengste, die vor der Tür auf ihre Sheriffs warten. Bald, irgendwann kommt er auf einem von ihnen geritten, mein Prinz. Der dann mein Herz nimmt und mich nie, nie langweilen wird.«

Es dürfte nur eine Minderheit sein, die der Single-Ideologie in einer solch gläubigen Innigkeit anhängt und so konsequent die Augen davor verschließt, wie menschenverbrauchend und dementsprechend unmenschlich dieses Denken, konsequent gelebt, wäre. Man hat gar keine Lust, dagegen Erwachsenheit zu predigen oder um Einsicht in die Erkenntnis zu flehen, dass Sex zwar wichtig, aber nicht alles sei. Das klingt so spießig. Sex ist wichtig, und das Schwinden des Begehrens in Dauerbeziehungen ist ein Problem – Punkt. Aber nach Lilli Vorbeks Vorstellungen kann man überhaupt keine Gesellschaft bauen – auch Punkt.

Es gibt die neue Ablehnung von *commitment* durch Frauen und ihre schwindende Bereitschaft, sich auf einen anderen Menschen einzulassen, auch in einer ausdrücklich gegen Männer gerichteten Form. Den Text für Annett Louisans erfolgreichen Schlager *Das Spiel*, der 2004 die Deutschquote im Radio erhöhte, ist zwar von einem Mann geschrieben, aber die Haltung, die das blonde, verführerisch gestylte Singeluder dafür einzunehmen hat, findet man wirklich bei jungen Frauen: »Dass du nicht mehr bist, was du einmal warst / seit du dich für mich ausgezogen hast / dass du alles schmeißt wegen einer Nacht / und alles verlierst, war so nicht gedacht«, singt Annett Lousian mit gespieltem Bedauern. »Dass du dich verliebst, weil du's mit mir tust / dass es dich so trifft, hab ich nicht gewusst / ich steh' nur so rum, tu so dies und das / fahr mir durch das Haar, und schon willst du was / lass mal lieber sein, hab zu viel Respekt / vor deinen Gefühlen / Ich will doch nur spielen / ich tu doch nichts.«

Natürlich ist dieses Lied ein bisweilen holprig gereimtes Kommerzprodukt, und sicherlich gibt es Frauen, die Spaß daran haben, Männer erst zu locken, um sie dann zu frustrieren.

Aber das Maß an Koketterie, das sich hier ausdrückt, ist Teil von etwas Größerem: Junge Frauen fühlen sich heute in jeder Hinsicht sicher und erlauben sich eine Sorglosigkeit im Umgang mit den Gefühlen anderer Leute, die sie bei Männern selbstverständlich empört geißeln würden. Sie kombinieren in eigenartiger Weise Machoattitüden mit traditionell weibchenhaften Verhaltensweisen.

Entwicklungspsychologie und Pädagogik scheinen sich inzwischen darin einig zu sein, dass eine bestimmte Art von Mädchenhaftigkeit – kommunikatives Verhalten, Teamfähigkeit, Fürsorge, Mit-Puppen-Spielen – angeboren und daher erzieherischen Maßnahmen nicht wirklich zugänglich ist. Besonders aus Amerika schwappt eine Welle des Determinismus zu uns hinüber. Das männliche Y-Chromosom steht dort zurzeit hoch im Kurs: Es sorge nun einmal für aggressiveres, raumgreifenderes Verhalten der Männer, heißt es. Aus einer unterschiedlich intensiven Aktivierung der rechten und linken Gehirnhälften bei Männern und Frauen wird auf deren unterschiedliche Fähigkeit zum räumlichen Sehen und ihre unterschiedliche mathematische Begabung geschlossen.

Die einflussreiche Entwicklungspsychologin Judith Rich Harris fügt zu diesen biologistischen Vorgaben noch den starken Einfluss der Peergroup hinzu: Dort, bei ihren Kindergarten- und Schulkameraden, lernten Mädchen, Mädchen, und Jungen, Jungen zu sein. Man wird den Eindruck nicht los, dass die gesamte Argumentationsrichtung, egal, wie viel Biologie nun tatsächlich eine Rolle spielt, vor allem der Entlastung der Eltern dienen soll: Wenn Jungen nun einmal aggressiv sind, hat es keinen Zweck, sie in zivilisatorischer Absicht einzuschränken, vielleicht schadet man ihnen damit nur. Und wenn Mädchen aus biologischen Gründen zur Weibchenhaftigkeit, zum

Dauerschnattern und zur Gefallsucht neigen, warum soll man sie dann mühsam auf Mathematik oder Politik trimmen? Autorinnen wie Judith Rich Harris würden nicht so weit gehen, jegliche Erziehung für überflüssig zu erklären, aber ihre Texte bieten sich als Beruhigungspille für bequeme Eltern geradezu an. Dabei sieht Harris die Mädchen durch ihre Veranlagung durchaus benachteiligt: »Frauen dürfen heute das Spiel mitspielen, das ihnen früher verwehrt war«, schreibt sie. »Das Problem besteht darin, dass sie immer noch nach den Regeln der Jungen spielen müssen. Männer haben auf dem Spielfeld der modernen Gesellschaft einen Vorteil durch das, was sie im frühen Kindesalter gelernt haben, Mädchen einen Nachteil.« Die Frage, die sich aus dieser Einschätzung zwingend ergibt, ist allerdings, ob die Regeln der Jungen sich jemals ändern lassen, wenn die Mädchen sich nicht von einer bestimmten oberflächlichen Weibchenhaftigkeit emanzipieren. Und trotz aller Biologie mag es doch eine Art von »freier Spitze« des Verhaltens geben, die Eltern durch Erziehung und Vorbild beeinflussen können, wenn sie denn wollen. In der Aneignung neuer Freiräume scheint die Lernfähigkeit von Frauen schließlich auch nicht begrenzt zu sein, das haben dreißig Jahre erfolgreiche Bildungsgeschichte deutlich gezeigt.

Manchmal kommt es einem so vor, als sei die weibchenhafte Selbstinszenierung nur noch eine ironische Oberfläche, unter der sich eine sehr entschlossene Wahrnehmung der eigenen Interessen verbirgt. Nehmen wir Susi, eine zweiundzwanzigjährige Studentin, zum Zeitpunkt unseres Gesprächs Wahlkampfmitarbeiterin der SPD. Susi ist typisch für die jungen Singlefrauen, die jede Diskriminierung bestreiten, in der Ausbildung einen interessanten Weg gehen, einen großen Freundeskreis pflegen und zu »Jungs« ein ambivalentes Verhältnis haben.

»Ich hab mich als Kind manchmal geärgert, wenn ich nicht beim Fußball mitspielen durfte«, sagt Susi, »aber ich hatte nie das Gefühl, dass irgendetwas schwieriger ist, weil ich ein Mädchen bin.« Sie ist klein, blond, hat stets ein wenig überrascht dreinblickende blaue Augen und eine Stupsnase; meistens lächelt sie. Sie ist sportlich, ehemalige Hockey-Nationalspielerin, aber dafür hat sie keine Zeit mehr. Susi hat eine dreijährige Ausbildung zur Mediengestalterin in einer Designagentur absolviert, jetzt studiert sie Politik, Literatur- und Medienwissenschaft und verdient Geld damit, den Bundestagswahlkampf der SPD mitzuorganisieren. Sie hat sich bei den Jusos engagiert und erlebte das, was alle jungen Frauen in politischen Parteien erleben: Sie sind Mangelware und können sich vor Ämtern nicht retten. »Und es war schon nett, die einzige Frau unter zehn Männern zu sein«, sagt sie.

Einzelne Männer aus ihrem politischen Bekanntenkreis sind vor Sehnsucht nach Susi fast wahnsinnig geworden. Sie gehört zu einer neuen Generation von Frauen, die es wahrscheinlich selbst glauben, wenn sie sagen, sie hätten mit einem Typen bei Vollmond am Strand gesessen, »als Freunde«. Frauen, die ehrlich überrascht sind, wenn ihnen jemand zu Leibe rückt, mit dem sie »nur so« in einem Bett übernachten wollten. Frauen, die aber trotzdem alles andere als naiv sind: »Neunzig Prozent aller Männer finden Frauen toll, die hilflos und unterwürfig sind«, sagt Susi, »man muss sich nur blöd stellen, dann wird alles für einen gemacht. Wunderbar, solange ich weiß, dass ich zur Not selbst ein Loch bohren kann.«

Ein Mann, den Susi akzeptabel findet, muss sein eigenes Leben leben, er muss sportlich sein, »kein völliger Theoretiker«, und er darf nicht zu nett sein. »Ich will keinen, der sich hundertprozentig auf mich einstellt«, sagt sie. »Wenn das Telefon nicht klingelt, werde ich kribbelig. Aber wenn er dann dran ist, denke ich oft: Oh, nicht der schon wieder. Ich sage, he, ich hab Zeit, aber nur von vier bis sieben, und frage mich: Merkt der nix? Merkt der nicht, dass ich ihn gerade abwimmele? Ich kann gut einen Abend allein sein!«

Ein wirklich toller Mann soll für Susi Dinge tun, die nicht viel Geld kosten, »aber bei denen ich merke, dass ich lebendig bin«. Einer ihrer früheren Freunde war gut darin, fuhr mit ihr spontan nach Dänemark, wenn sie Lust auf einen Hotdog hatte, sagte vor einer Verabredung: »Bring deinen Bikini mit« und paddelte sie zu einer Badeinsel, wo ein Picknick wartete. Organisierte eine Winter-Überraschungs-Gartenfete mit selbst gebauter Schneebar. Aus irgendwelchen Gründen scheiterte die Beziehung trotzdem.

Susi hat einen Hund und vier beste Freundinnen, mit denen sie alles bespricht und deren Unterstützung sie auch braucht, wenn sie etwas Schwieriges vorhat. Die Freunde der Mädels, sagt sie, spielten durchaus eine große Rolle in allen ihren Gesprächen. Eine feste Beziehung und Kinder hätte sie schon gern mal, irgendwann. Beruflich verwirklichen wolle sie sich auch, in der Werbebranche oder als Eventmanagerin. Ein paar Jahre ins Ausland möchte sie, sie hat schon oft in Kenia gearbeitet, wo ihr Onkel ein Hotel hat; vielleicht unterbricht sie ihr Studium auch noch einmal für eine Work-und-Travel-Phase in Neuseeland. Susi hat ihr Leben im Griff. Die Jusos sind gerade sauer auf sie, weil sie nicht zu den zahlreichen Sitzungen kommt, »aber Politik ist auch nicht alles«, sagt sie.

Ich mag sie, diese moderne Frau. Aber es gibt Aspekte am Lebensstil ihrer Generation, die ich schwierig finde, besonders, wenn dieser Lebensstil das Frauenbild im Ganzen beherrscht: wenn alle, die nicht zweiundzwanzig, hübsch, flexibel, klug, kinderlos und männermäßig abgeklärt sind, sich als Verliererinnen fühlen müssen.

In den siebziger und achtziger Jahren sammelte Helmut Fend im Auftrag der Deutschen Forschungsgemeinschaft in einer aufwendigen Längsschnittstudie Daten über die Identitätsentwicklung bei Jugendlichen: Mehr als zweitausend Heranwachsende, Mädchen und Jungen aus dem ländlichen Raum und aus einer Großstadt, wurden in regelmäßigen Abständen zu ihren Einstellungen befragt. Für Fend ergab sich damals ein relativ düsteres Bild: »Sowohl was das Selbstkonzept des eigenen Aussehens als auch das Selbstkonzept der Begabung betrifft, fällen die Mädchen ein negativeres Urteil über sich als die Jungen, und dieses mündet folgerichtig in ein niedrigeres Selbstwertgefühl.«

Auch die Sozialwissenschaftlerinnen Birgit Geissler und Mechthild Oechsle von der Universität Bielefeld gehen in einem 2000 erschienenen Aufsatz in *Aus Politik und Zeitgeschichte*, der Beilage zum *Parlament*, von einem Einbruch des weiblichen Selbstwertgefühls in der Pubertät aus – obwohl sich geschlechtsspezifische Erziehung in der Kindheit abgeschwächt habe, obwohl die Bildungschancen sich angeglichen hätten und die Sexualität der Mädchen heute selbstbestimmter und aktiver sei als je zuvor. Doch auch Geissler und Oechsle berufen sich auf Untersuchungen, die ihre Datenbasis in den achtziger Jahren haben; und all das klingt kaum nach den Susis von heute. Die scheinen doch inzwischen eher in dem Wissen aufzuwachsen, dass sie ohnehin das ganze Leben lang und nicht nur während der Pubertät an sich arbeiten müssen; dass all die alten Entschuldigungen – das Milieu, das Elternhaus, das Patriarchat –, die Frauen früher anführen konnten, wenn etwas im Leben misslang, nicht mehr gelten: Sie wissen, dass jeder auf sich gestellt ist, seines Glückes eigener Schmied ist, verantwortlich für Erfolg und Misserfolg, und dass es schon lange keine Frauen*bewegung* mehr gibt, nur noch Frauen.

Die Arbeit an der eigenen Person ist, was Frauen angeht, leider immer noch eher Arbeit am Körper als Arbeit am Geist. Allenfalls setzen Ratgeber und Frauenzeitschriften sich mit Fragen wie »Wie bewerbe ich mich richtig?«, »Wie verlange ich erfolgreich eine Gehaltserhöhung?« oder »Wie gründe ich meine eigene Ich-AG?« auseinander, aber eigentlich gilt ihre und die Liebe ihrer Leserinnen der Körperoptimierung. Schließlich sollen andere die Arbeit an der eigenen Gestalt auch sehen. Zweimal pro Woche Fitnessstudio und Jogging sind ein Muss für jede Frau, die auf sich hält – Fettleibigkeit wird immer mehr zum Merkmal der undisziplinierten Unterschichten, wie Kinder auch.

In seinem Gesellschaftsroman *Fegefeuer der Eitelkeiten* hat der amerikanische Journalist Tom Wolfe die beiden für die Oberschicht akzeptablen Körperprofile beschrieben: Da sind die weiblichen *X-Rays*, die »Röntgenbilder«, die gegen das fortschreitende Alter kämpfen, indem sie bis zum Exzess Sport treiben und ausschließlich von Salat leben. Etwas mehr Speck auf den Rippen gesteht Wolfe nur für eine kurze Phase den »Sahnetörtchen« zu, den Anfang Zwanzigjährigen, die sich gerade bemühen, den einen oder anderen älteren Herrn seinem angetrauten »Röntgenbild« auszuspannen. Eine zynische Sichtweise, aber sie trifft wohl zu: Mit die wichtigsten Ziele im Leben der Frauen heute sind Schlankheit, hervorstehende Beckenknochen, muskulöse Oberarme, im Gegensatz zu den Bildzeitungsludern tendenziell keine Superbusen, insgesamt eine sportliche, disziplinierte, eher androgyne Silhouette. Dafür kämpfen Millionen von Frauen tagtäglich gegen ihre Essensgelüste. Der Schlankheitswahn ist der Grund dafür, dass sich Abnehmratgeber mindestens so gut verkaufen wie Beziehungsbücher. Das *Moppel-Ich* der Journalistin Susanne Fröhlich stand mehr als ein Jahr lang auf der *Spiegel*-Bestsellerliste. Die Autorin erklärt pragmatisch, wie eine Frau ihr Essverhalten auf Schlankheitsbedingungen umstellen kann. Sie setzt ihre Leserinnen nicht unter Druck, sondern beschreibt so sympathisch wie realistisch, warum sie selbst abnehmen wollte: um sich wieder wohl zu fühlen in einer Kultur, die jenseits von Größe zweiundvierzig nur noch Bierzelte zum Kauf anbietet, und in der Dicke als maß- und zügellos gelten.

Interessant ist der Umstand, dass der Schlankheitswahn als integraler Bestandteil weiblicher Identität kaum noch Gegenstand feministischer Kritik ist. Der Wunsch nach einem *Hardbody* wird so vollkommen als unser eigener akzeptiert wie der Wunsch nach Mann oder Beruf: weil wir einfach gar nichts mehr in gesellschaftlichen Kategorien sehen und weil die Sprache der Kritik völlig aufgebraucht ist. Die zweite Frauenbewegung predigte zu nachhaltig Latzhosen, Henna und Birkenstock-Sandalen; sie denunzierte das Streben nach Schönheit zu gründlich als Unterwerfung unter patriarchale Maßstäbe; sie setzte Erotik zu platt mit Pornografie gleich, als dass wir uns ihrer Ausdrucksformen heute noch bedienen könnten. So bleibt fast nur, mit einer gewissen Faszination dabei zuzusehen, wie der Körperkult um sich greift. Wer dagegen auf innere Werte, auf Charakter, auf Freundlichkeit, auf Intelligenz verweisen wollte, die einen Menschen doch auch attraktiv machen, erschiene irgendwie spießig und hausbacken, *past it*.

Den nächsten Schritt, von der Selbstkasteiung des Hungerns zur Selbstverbesserung durch Schönheitschirurgie, gehen

Frauen schon heute zu hunderttausenden: Mehr als sechshunderttausend Eingriffe werden in Deutschland jährlich vorgenommen. Fett wird abgesaugt, Nasen werden begradigt, Busen verkleinert oder vergrößert, Bäuche gestrafft, und das alles für viele hundert Millionen Euro. Davon abgesehen, dass diese Eingriffe gefährlich sind und dass offenbar viel gepfuscht wird, geht es mir um die Frau als *Produkt*, die sich bearbeiten lässt, um im Extremfall als neu modellierte Siegerin aus einer Fernsehshow hervorzugehen. Es geht mir darum, dass man diese Art von Selbstverstümmelungsbereitschaft früher als Folge ideologischer Gehirnwäsche betrachtet hätte – zu Recht. Vielleicht sollten wir uns das wieder bewusst machen, mit dem kleinen Unterschied, dass es womöglich nicht das Patriarchat ist, gegen das wir dann aufbegehren müssen, sondern schlicht und einfach der Markt.

Ändert sich hingegen nichts in der schönen neuen Welt der schönen neuen Menschen, so werden alle mitmachen müssen, denn dann werden Falten zu einem Zeichen persönlicher Nachlässigkeit werden. Schon heute sieht man an den Zornesfalten hier und den glatten, kühlen Stirnen dort, wer sich Botox spritzen lässt und wer nicht. Die Zornesfalten sind eindeutig auf dem Rückzug.

Wer daran (ver-)zweifelt, hat, gerade als Frau, immer noch die traditionelle Möglichkeit, sich in den Wahnsinn zu flüchten. Die alte Freud'sche Hysterie ist wiedergekehrt als Borderline-Syndrom, neben Essstörungen die häufigste psychische Erkrankung junger Mädchen. Borderline-Patientinnen verletzen sich selbst mit Rasierklingen, Messern oder brennenden Zigaretten, um eine unerträgliche Spannung abzubauen, die als Folge von sexuellem Missbrauch oder völliger Vernachlässigung durch die Eltern entstehen kann. Ganz abgesehen davon, dass manche Kranken sich durchaus mit ästhetischem Anspruch schneiden, scheint mir diese Bereitschaft zur Selbstverletzung ein auf die Spitze getriebenes Symbol für den Gestaltungsdruck, unter dem Frauen heute allgemein stehen – selbstverständlich völlig freiwillig.

Ein sportlicher, zum Androgynen tendierender Körper, Bildungserfolg, berufliche Unabhängigkeit, sexuelle Selbstbestimmung bis hin zum Männerverschleiß in einer eigenartigen Mischung aus Weibchenhaftigkeit und Machotum, Kinder nur noch als eine Option unter vielen – in den Strukturen, wenn auch nicht im Outfit gleichen sich weibliche Lebensweisen tendenziell den männlichen an. Der Mann als Ideal einer neuen Frauenidentität? Traditionell wurden Frauen auch immer mit einer gewissen Weichheit und Wärme assoziiert, sie standen für Einfühlsamkeit und Mitleid. Wenn man schnatternde Teenager beobachtet, dann hat sich offenbar an ihrem Mitteilungsbedürfnis oder der den Frauen zugeschriebenen besonderen Kommunikationsfähigkeit nichts geändert. Aber müsste der Trend zum notgedrungen selbstbestimmten Leben nicht die Empathiefähigkeit oder zumindest die Einfühlungsbereitschaft einschränken, weil Frauen mehr Gefühle für das eigene, in die Welt geworfene, nicht länger fremdbestimmte Ich verbrauchen? Der Nachteil wäre, dass Frauen sich offenbar bis zu einem gewissen Grad ohne Mühe an männliches Verhalten anpassen können – dass aber mit ihrer neuen Härte, wenn es sie denn gibt, auf männlicher Seite keine neue Weichheit korrespondiert. Die Gesellschaft würde einfach insgesamt etwas weniger Wert auf Mitgefühl legen.

Der Soziologe Norbert Elias beschreibt in seinem Buch *Über die Einsamkeit der Sterbenden* die fast unerträgliche Traurigkeit, mit der sterbende Menschen heute spüren, wie schnell sie den Lebenden gleichgültig werden in ihren letzten Wochen, Tagen und Stunden. Er betrachtet die historische Entwicklung des Trauerns und zeigt, wie sehr die Formen schwinden, in denen wir noch öffentlich starken Gefühlen wie der Trauer Ausdruck verleihen können: »Die zivilisatorische Veränderung erzeugt auf der gegenwärtigen Stufe bei vielen Menschen eine erhebliche Scheu und oft genug ein Unvermögen, starken Emotionen Ausdruck zu geben«, schreibt Elias, »sei es in der Öffentlichkeit, sei es auch im Privatleben.... Im 17. Jahrhundert konnten Männer noch öffentlich weinen, heute ist das schwieriger und seltener geworden. Nur Frauen besitzen noch das Vermögen, nur ihnen ist es noch gesellschaftlich erlaubt – wie lange noch?«

Man kann auf eine so große Frage eines so großen Denkers kaum seriös antworten, aber ich glaube, dass die Tendenz, die Elias andeutet, tatsächlich existiert. Niemand sagt kleinen Mädchen, sie sollten nicht weinen, während kleine Jungen sich diese Ermahnung auch heute noch oft anhören müssen. Aber Emotionalität und offen zur Schau getragene Gefühle werden dysfunktional, wenn man sich auf einem harten Markt durchsetzen muss, sei es der Beziehungsmarkt, sei es der Arbeitsmarkt. Es ist mit Sicherheit kein Zufall, dass ein Spruch, den junge Leute heute gern im Wortgeplänkel anderen an den Kopf werfen, »Heul doch!« lautet, weil Heulen eben die ganz und gar unzeitgemäße Verhaltensweise in der Krise wäre. Dass trotzdem immer noch geheult wird, dass gerade Frauen nach wie vor in der Lage sind, aus den geringfügigsten Anlässen Tränen zu vergießen – nicht zuletzt, damit *er* ein schlechtes Gewissen hat –, bleibt davon unberührt.

Feministisch inspirierte Autoren und Autorinnen haben das

Entstehen von Frauen-Rockbands wie Riot Grrrls oder Bikini-Kill in den achtziger Jahren als Signal dafür gefeiert, dass die neuen Frauen ihr Schicksal härter, militanter, radikaler in die eigene Hand nähmen. Die »neue Härte« gilt ihnen als Gewinn, keinesfalls als Verlust für die Gesellschaft. Ich persönlich glaube, dass man Rock-Prophetinnen nicht besonders ernst nehmen muss, wenn sie Manifeste des Inhalts verfassen, sie wollten »Alternativen schaffen zur beschissenen christlich-kapitalistischen Art, Dinge zu tun«. Schließlich ist für sie selbst der Übergang zwischen tief empfundenem Protest und einem Dasein als Produkt zumindest fließend. Und nach dem Vorbild der Angry Grrls sind mittlerweile Dutzende von kleinen schlimmen Mädchenstars zurechtgebastelt worden, die als Zeichen der Allerweltsauflehnung Doc-Martens-Schuhe tragen und die Seiten von *Yam* und *BRAVO* bevölkern. Es ist zunächst auch egal, ob sie irgendein in der weiblichen Gesellschaft wirklich vorhandenes Missbehagen ausdrücken – die Kulturindustrie jedenfalls glaubt, am Bild des harten Mädchens verdienen zu können, und dieser Umstand wird nicht ohne Folgen für unser gesellschaftliches Klima bleiben.

Gewalt, gerade häusliche Gewalt, ist ein Thema, das nach jeder Kriminalstatistik noch überdeutlich eine Männerangelegenheit ist. Aber zumindest in Einzelfällen blitzt auf, dass auch Mädchen heute zu einiger Brutalität fähig sind. In Kiel etwa sorgte im Jahr 2004 ein Vorfall für Aufregung, der alle pädagogischen Akteure – Jugendhelfer, Kinderschützer, Lehrer, Polizisten – erschütterte: Drei vierzehnjährige Mädchen verprügelten, unter den Anfeuerungsrufen von fünf Jungen, eine Dreizehnjährige auf dem Hof ihrer Schule. Über eine Stunde lang schlugen die Täterinnen auf das Mädchen ein und quälten sie. Schluss war erst, als sie den Einsatzwagen der Polizei kommen hörten. Das Opfer blieb zurück, mit schwerem Schock, Gehirnerschütterung und Kieferbruch. Als Grund für den Exzess gaben die Schlägerinnen an, die Dreizehnjährige habe schlecht über eine von ihnen geredet.

Eine Ausnahme? Mit den Schülerinnen aus den drei neunten Hauptschulklassen habe ich unter anderem über diesen Fall gesprochen: Die Betroffenheit hielt sich in Grenzen. Natürlich würde niemand gern in der Lage des Opfers sein, aber dass man auch zuschlagen könne und müsse, wenn andere Mädchen »laberten«, war weitgehender Konsens in der Runde. Etliche Schülerinnen berichteten, dass sie sich nachmittags mit anderen Mädchengruppen prügelten. Wie bei ganz archaischem Jungsverhalten geht es dabei um Revierkämpfe: Wer aus einem anderen Stadtteil herüberdriftet, muss vertrieben werden. Als Auslöser für Gewalt reicht dabei das bereits zitierte »Labern«, ebenfalls ein archaisches Muster. Früher hätte ein Mann, der Streit suchte, zu seinem potenziellen Opfer vielleicht gesagt: »Guck meine Freundin nicht so komisch an.«

Ich will weder den einzelnen Fall noch die sehr zufälligen und keineswegs repräsentativen Gesprächsergebnisse verallgemeinern. Doch es scheint so, als ob die soziale Norm, dass Mädchen nicht schlagen, sich abschwäche. Und die Vorhut für diesen Trend ist sicher eher in der Unterschicht zu suchen als in behüteten bürgerlichen Familien. Es ist die Frage, ob diese Entwicklung als Freiheitsgewinn zu feiern ist, oder ob nicht eher Schulen, Elternhäuser und öffentliche Meinung ihr dringend etwas entgegensetzen müssten.

Singletum, Schlankheit, neue Härte – sind das die einzigen Wege, die Frauen heute einschlagen können, wenn sie das Gefühl haben möchten, ein erfolgreiches, ein gutes Leben zu leben? Natürlich nicht. Die traditionelle Familie existiert weiter, wie wir gesehen haben, und zwar besonders dort, wo sie Normalität ist, wo alle es so machen, wo fast jeder verheiratet ist und zwei Kinder hat, weil das immer schon so war: zum Beispiel in der katholischen Diaspora um Cloppenburg, in weiten Teilen Baden-Württembergs und Bayerns. Die Kinderbetreuungsmöglichkeiten sind dort zum Teil schlecht, aber das Kinderhaben ist eine Selbstverständlichkeit, und der Arbeitsplatz, der die Familie ernährt, scheint relativ sicher.

Die Familienfrauen dort haben wenig kulturelle Erzeugnisse, wenig Bücher und Trendmagazine, die ihre Lage darstellen; sie kämen vermutlich gar nicht auf die Idee zu kritisieren, was ihnen als angeblich frauentypischer Mainstream angeboten wird: Es steht ihnen ja frei, *Ally McBeal* ein- oder auszuschalten. Interessant ist aber die Frage, ob sie sich mit ihrem eigenen Leben noch wohl fühlen, wenn alle Medien ihnen ein anderes Leben als soziale Norm vorführen.

Der Entwurf neuer Frauenbilder und die Kritik der »Mensch als Produkt«-Kultur müsste nun aber ironischerweise gerade aus jenen Kreisen kommen, in denen die meisten Singles und taffen neuen Frauen arbeiten: aus den Verlagen, den Redaktionen und den Agenturen der Bewusstseinsindustrie. Tatsächlich gibt es publizistische Inseln, auf denen man offenbar wenigstens versucht, ein paar neue Bilder zu zeichnen: Dazu gehört die Hamburger Frauenzeitschrift *Woman*. Zwar verzichtet auch *Woman* keineswegs auf die unerlässlichen Beauty-Tipps, Jeans-Rezensionen, Diätpläne, Reise- und Rührgeschichten. Aber durch das gesamte Blatt zieht sich erstens ein großes Interesse für weibliche Vorbilder und zweitens die Annahme, dass Schwangerschaft und Kinder für die jungen Leserinnen in vielfacher Hinsicht von Interesse sein dürften. Vorbilder können in *Woman* neben erfolgreichen Managerinnen gern auch Politikerinnen sein, und immer wieder geht es darum, wie eine interessante Arbeit mit der Erziehung von Kindern unter einen Hut zu bringen ist. Ein neues Frauenbild, ein ganz unpädagogisches und gar nicht jammervolles: Zu einem erfüllten Leben gehört Make-up ebenso wie politisches Interesse, gehören Kinder ebenso wie der Job. Nicht alles ist einfach, aber alles geht.

Eine sehr düstere literarische Kritik der einsamen, perfekt modellierten Frau hat hingegen die amerikanische Journalistin und Autorin Jennifer Egan in ihrem Roman *Look at me* versucht: In dem Buch wird deutlich, dass Frauen, die sich heute gegen ihren Status als »Produkt« wehren wollen, eher die kapitalistische Wirtschaftsweise als »das Patriarchat« zum Gegner haben. Jennifer Egan erzählt die Geschichte des Models Charlotte Swenson, die zunächst eine Ikone des modernen Singletums sein könnte: Sie arbeitet für Magazine wie *Vogue* oder *Harper's Bazaar*, sie lebt in einer Penthouse-Wohnung, sie bekommt viele Einladungen, hat wenige enge Freunde – und ihre langweilige Heimatstadt im mittleren Westen der USA liegt weit hinter ihr.

Bei einem Autounfall wird Charlotte lebensgefährlich verletzt, ihr Gesicht kann nur mit Hilfe wiederherstellender Chirurgie gerettet werden. Das Ergebnis ist kurios: Achtzig Titanschrauben halten die Gesichtsknochen zusammen, und doch ist sie wunderschön. Sie sieht allerdings nicht mehr aus wie sie selbst, und niemand erkennt sie. Als eine Art Schattenwesen, als Frau, die jeden an irgendjemanden erinnert und die doch jeder sofort wieder vergisst, macht Charlotte eine höchst ungewöhnliche Karriere: Eine »neorealistisch« arbeitende Journalistin erfindet Charlottes Lebensgeschichte für ein Internet-

Projekt, das seinen zahlenden Abonnenten möglichst vollständigen Zugang zu allen Gedanken, Gefühlen und Erlebnissen jener »gewöhnlichen« und »ungewöhnlichen« Menschen geben soll, die die Organisatoren im Angebot haben. »Gewöhnliche« Menschen wie Fischer oder Bergarbeiter bekommen weniger Honorar für ihr Leben, »ungewöhnliche« Menschen werden besser bezahlt. So erhalten Wildfremde Einblicke in die Befindlichkeit von Krebskranken, islamistischen Selbstmordattentätern – und Supermodels.

Charlotte wird die Darstellerin der modernen Frau. Ihre Ghostwriterin schreibt ihr die Interneteinträge, aber auch den autobiografischen Roman »Gesichtslos«. Es gibt eine Fernsehserie über Charlotte, Einladungen in die Fernsehsendungen von David Letterman und Larry King, einen Kinofilm, Merchandising-Produkte wie eine Barbiepuppe mit austauschbaren Gesichtern, ein Parfüm und ein Modelabel. »Je berühmter ich infolge meiner Verwandlung wurde, desto getürkter fühlte sich diese Verwandlung an«, sagt Charlotte auf der Höhe ihres Erfolgs: »Ich hatte mich nicht wirklich verändert. Ich war irgendwie gespalten worden, und die zwei Ichs, die übrig blieben, hassten einander. Ich war ein Gespenst, eingeschlossen im Körper eines erfolgbesessenen Exmodels, vor dem ich alle meine Stimmungen und Gefühle verbergen musste, weil sie sonst sofort versucht hätte, sie zu Geld zu machen. Ich kroch durchs Leben und versteckte meine wenigen Träume und die Erinnerungen, die sie nicht sowieso schon geplündert hatte ...«

Charlotte findet einen Ausweg aus ihrem ausgeleuchteten Frauendarstellungsleben: Ihr Vertrag erlaubt ihr einen »Identitätstransfer«, sie verkauft die Rechte an ihrer eigenen Person, derer sie überdrüssig geworden ist, an die Internetfirma. Längst ist es ohnehin egal, ob sie selbst oder ein virtuelles

Model Charlotte Swenson spielt. Diese Auflösung lässt uns als Leserinnen freilich nicht allzu viel Hoffnung: Sich selbst kann man vielleicht aus der Rolle der gesichtslosen, permanent neu zu modellierenden Barbiepuppe zurückziehen – aber nichts deutet darauf hin, dass die Rolle selbst in Frage steht.

Das geschähe nur, wenn viele Einzelne die Frage stellten, wie sie eigentlich leben wollen. Denn dann schlüge nach den Gesetzen der klassischen Dialektik Quantität in Qualität um.

# FAMILIENPOLITIK AM ZIEL VORBEI

*Bloß nicht die Kinderlosen beleidigen · Die besser verdienenden Hedonisten · Familienpolitik wirkt nicht auf Kinderlose · Trittbrettfahrer · Zwangsmittel sind schlechter als Argumente · Die schief gelagerte politische Debatte · Tugendbilanz der rot-grünen Regierung · Zweifel · Zeit für Kinder · Arbeitswelt und Mutterschaft · Hässliche Hintergedanken bei der Frauenerwerbstätigkeit · Qualität der Betreuung · Zwei persönliche Beispiele · Eine Politik des Bewusstseinswandels · Neue Mode: Der Erwachsene · Die Verantwortung der Wirtschaft*

In der demografischen Debatte in Deutschland gibt es ein ungeschriebenes Gesetz: Bloß nicht die Kinderlosen beleidigen! Sie sind nicht egoistisch, sie sind nicht kurzsichtig, sie wünschen sich eigentlich Kinder, aber die Gesellschaft hindert sie daran, diesen Wunsch zu verwirklichen, weil sie immer noch zu wenig Kindergeld zahlt, zu geringe Steuerfreibeträge gewährt oder nichts gegen den Krippenplatzmangel tut. Oder, noch schlimmer: Die Menschen wünschen sich ein Kind, können aber keins bekommen. Diese ungewollt Kinderlosen sind ein Totschlagargument, sie werden immer dann wie ein Kaninchen aus dem Hut gezogen, wenn man eigentlich die gewollt Kinderlosen kritisieren möchte. Menschen, die sich vergeblich Kinder wünschen, sind hier jedoch ausdrücklich nicht gemeint, um ihre Probleme und ihren Kummer geht es in diesem Buch nicht. Ich könnte mir allerdings vorstellen, dass einen Teil von ihnen die Heuchelei, die sich bei uns heute mit der Kinderfrage verbindet, ebenso stört wie mich.

Es ist schon faszinierend, wie sehr wir bereit sind, tausendfache privat gefällte und zu verantwortende Entscheidungen gegen Kinder pauschal der »kinderfeindlichen Umwelt« zuzuschreiben. Man stelle sich den umgekehrten Fall vor: Die Gesellschaft beschlösse mit Mehrheit, gewaltig kinderfreundlich zu werden, wählte sich eine familienfanatische Regierung und begänne mit PR-Kampagnen, Strafsteuern für Kinderlose und dem Verbot von Verhütungsmitteln in die Privatsphäre der Paare hineinzuregieren. Sofort und zu Recht gäbe es einen Aufstand gegen diese Form von Interventionismus und Massendemonstrationen zum Schutz der Entscheidungsfreiheit. Also, festgehalten, merken: Kinderentscheidungen sind und bleiben Privatsache!

Es entschließen sich nun, wie beschrieben, kurioserweise gerade diejenigen gegen Nachwuchs, die ihn sich am besten leisten könnten: die gut ausgebildeten oberen Mittelschichten, die Besserverdiener, die Akademiker – jene, die im Vergleich zu manchen sorglos Kinderreichen über viel bessere Fähigkeiten zur Organisation von Kinderbetreuung, zur Erziehung, zur allgemeinen Lebensbewältigung verfügen. Bei uns bekommen die Schlechtverdienenden Kinder. In den USA ist das anders: Die Amerikanerinnen, die in den meisten Bundesstaaten nach der Entbindung nicht einmal Anspruch auf einen einzigen Tag Mutterschutz haben, bekommen Kinder, und das ohne staatlich ausgebautes, subventioniertes Betreuungssystem. Uns hingegen ist das alles zu anstrengend. Täuschen wir uns doch nicht selbst: Die kinderfeindliche Gesellschaft ist eine Ausrede, die uns auch deshalb so gut gefällt, weil wir uns bis heute gern in einem möglichst negativen Selbstbild suhlen. Wir Deutsche machen eben, wenn schon, denn schon, alles konsequent – wir mögen uns besonders wenig und sind zugleich besonders hedonistisch. Tatsächlich trifft genau dies auch für die Avantgarde der Kinderlosen zu: Sie mögen Ängste um ihren Job haben, Schwierigkeiten, den richtigen Partner zu finden, und Sorgen, ob mit der Kinderbetreuung alles klappen würde, wenn sie Überstunden machen müssen. Aber all diese Befürchtungen haben weniger privilegierte Mitmenschen auch. Die Avantgarde hat nicht nur zu viel Angst vor dem Kinderkriegen, sie ist auch zu bequem. *Wir* sind zu bequem: Wir schlafen zu gern aus, gehen zu gern essen oder ins Theater, fahren zu gern übers Wochenende weg oder in der Nebensaison auf die Seychellen. Und wir sind klug genug vorauszusehen, dass das mit Kindern schwierig wird, vorübergehend wenigstens. Staat und Gesellschaft sind daran allerdings nicht schuld.

Wer an dieser Situation etwas ändern möchte, muss ein Bild für das Leben mit Kindern finden, das stärker ist als das Seychellen-Paradigma, das hier als Metapher stehen soll und Rügen und die Toskana mit abdeckt. Zumindest Teile der Familienpolitik laufen heute ins Leere, weil ihre Initiatoren immer noch davon ausgehen, die Leute seien vor allem materiell daran gehindert, sich fortzupflanzen: »Die ökonomische Aufwertung und die realistische Bewertung der Leistungen der Familie sind zwar eine notwendige Voraussetzung für die Lösung der demografisch bedingten gesellschaftlichen Probleme«, schreibt der Bevölkerungsforscher Herwig Birg in seinem Buch *Die demografische Zeitenwende,* »aber ihre Erfüllung durch gerechtere familienpolitische Leistungen ist nicht hinreichend für die Lösung, weil Menschen nicht nur aus ökonomischen, sondern zunehmend aus anderen Gründen wenig Kinder haben und zu einem immer größeren Prozentsatz lebenslang kinderlos bleiben.«

Dabei wissen alle empirischen Studien über Werte und Lebenseinstellungen von sagenhaften Topergebnissen für den Wert »Familie« zu berichten. Aber was sagt uns das? Wie ernst sind solche Antworten gemeint? Der Aussage »Familie ist für mich wichtig« stimmt der Befragte vielleicht auch deshalb zu, weil das eine akzeptable Antwort ist – ebenso wie ein Rechtsextremist auf die Frage »Neigen Sie rechtsextremen Parteien zu?« nicht immer gern mit »Ja« antwortet. Familie irgendwie gut zu finden ist das Gleiche wie Umweltschutz irgendwie richtig zu finden, aber mit dem Auto Brötchen holen zu fahren, oder sich Gesundheit zu wünschen und trotzdem zu rauchen. Man kann daraus weder auf die wirklichen Absichten der Befragten noch auf die Gründe schließen, die sie irgendwann tatsächlich zur Verwirklichung ihres Wunsches treiben, oder sie eben daran hindern.

Aufschlussreicher, weil differenzierter, scheint mir die 2005 ermittelte Allensbach-Zahl von achtunddreißig Prozent der Kinderlosen zu sein, die mit diesem Zustand vollkommen zufrieden sind. Es ist folgerichtig, dass dieser Gruppe Kinderbetreuungseinrichtungen und finanzielle Leistungen für Eltern ziemlich egal sind, denn sie sind von vornherein zu einem Leben ohne familiäre Verpflichtungen entschlossen. »Daraus resultiert die Konsequenz, dass sich Ehe und Familie nicht als durch die Gesellschaft bereitgestellte Handlungsangebote (rechtliche Institution) auflösen, sondern dass es zu einer *durch die Individuen* ausgelösten Deinstitutionalisierung kommt«, schreibt Jürgen Dorbritz vom Bundesinstitut für Bevölkerungsforschung. Das heißt: Familienpolitik ist etwas für Menschen, die sowieso schon Kinder haben. Wahrscheinlich müsste man aber eher »Familienverlockungspolitik« machen für Leute, überwiegend wohl für Frauen, die eigentlich keine Kinder wollen.

Der amerikanische Volkswirt Mancur Olson hat sich in seinem 1965 erschienenen Buch *Die Logik des kollektiven Handelns* mit den Schwierigkeiten von großen Gruppen auseinander gesetzt, ihre Interessen zu formulieren und durchzusetzen: Immer würden ihre Bemühungen von Trittbrettfahrern ausgenutzt, die selbst nicht bereit seien, sich zu engagieren, aber durchaus darauf setzten, von den Früchten anderer Leute Anstrengung – zum Beispiel bei Tarifverhandlungen – zu profitieren.

Die Frage der Fortpflanzung stellt einen interessanten Sonderfall zu Olsons Problemaufriss dar: Objektiv sind die absichtsvoll Kinderlosen natürlich Trittbrettfahrer einer Gesellschaft, deren Mehrheit immer noch versucht, den Bestand zu sichern und Kinder in die Welt setzt, die später auch für den Wohlstand und die Renten der Kinderlosen aufkommen müssen. Wer denkt, er zahle doch Beiträge in die Rentenversicherung ein und habe damit für sein eigenes Alter vorgesorgt, irrt. Der Generationenvertrag hat zwei Paragrafen: Der erste verpflichtet erwerbsfähige Menschen dazu, über ihre Beiträge für diejenigen zu sorgen, die heute alt sind. Der zweite verpflichtet sie, Kinder großzuziehen, die das Gleiche eines Tages für sie tun werden.

Subjektiv verhält sich ein Kinderloser natürlich immer noch deutlich anders als ein Umweltsünder: Er *tut* ja nichts. Und selbst wenn wir sein Verhalten unsolidarisch fänden, gäbe es keine Möglichkeit, ihn zur Familiengründung zu zwingen. Das Kollektivgut »Fortbestand der Gesellschaft« ist zudem so abstrakt, die zu erwartenden Negativfolgen des demografischen Wandels sind noch so schemenhaft, dass jeder und jede Einzelne zu Recht fragen kann, warum nun ausgerechnet er oder sie dafür zuständig sein sollte und nicht der Nachbar, der doch auch gern spontan auf die Seychellen oder in die Toskana fliegt. Maritta Tkalec hat das Problem der entlastenden Abstraktheit in der *Berliner Zeitung* anschaulich beschrieben: »Kindermangel kann lange unbemerkt bleiben, weil nicht vorhandener Nachwuchs nichts kostet, nicht lärmt und niemals krank wird.... Die heute 40jährigen, die sich gegen Kinder entschieden haben, werden ebenso wie diejenigen, die eine Elternphase hatten, in 30 Jahren in einer Gesellschaft leben, vor der einem graust: Dann wird zum Beispiel die Bevölkerung Brandenburgs zu etwa 60 Prozent aus 60jährigen und Älteren bestehen. Aber wer wird mit ihnen reden, sie betreuen, und wer wird Rente, Operation und Betreuung bezahlen?«

Im Prinzip besteht für diejenigen, die Kinder haben, also die Notwendigkeit, mit der Gruppe der gewollt kinderlosen Nachwuchsprofiteure ins Gespräch zu kommen. Und dabei kann man durchaus, mit allem Respekt vor jeder Einzelentscheidung, an ihren Gemeinsinn appellieren. Nach Mancur Olson dürfte in einer Demokratie die große Gruppe auch selektive Anreize für die zum Gemeinwohl Beitragenden beschließen, zum Beispiel Steuerfreistellungen für Eltern, oder Zwang anwenden, also etwa die Steuern für alle erhöhen, die keine Kinder haben. Schließlich, so argumentiert Olson, werde ja auch staatlicher Zwang in Form von Steuern angewendet, um öffentliche Güter wie »Recht und Ordnung« zu gewährleisten.

Steuern sind aber in unserem Sozialsystem gar nicht das eigentliche Problem: Bei uns fehlt ein Kinderfaktor in der umlagefinanzierten Rentenversicherung. Die Eltern zahlen ihre gesetzlichen Rentenbeiträge, und sie zahlen geschätzte 250 000 Euro pro Kind bis zum Studienabschluss – die anderen betreiben private Geldanlage fürs eigene Alter oder verfrühstücken ihr Einkommen gleich. Das ist der Unterschied: Das erwachsen gewordene Kind wird mit seinen Rentenversicherungsbeiträgen, mit seinen Steuern, mit seinem Beitrag zum Wohlstand der Gesellschaft auch sie, die kinderlosen Alten, finanzieren, genau wie es für die eigenen Eltern aufkommen muss.

Vermutlich würden aber auch finanzielle Zwangsmaßnahmen, genau wie ökonomische Anreize, niemanden für Kinder erwärmen, der keine haben will. Und da es vorwiegend die Gutverdienenden sind, die sich aus der Generationen-Solidargemeinschaft entfernen, stieße selbst eine rigorose Pro-Kind-Politik an ihre Grenzen. Wer als Gutverdiener partout ungebunden sein möchte, kann sich noch eine ganze Menge zusätzlicher Zwangsbelastungen leisten und wird die Mehrheit, die ihn damit zu maßregeln sucht, garantiert nicht lieben und ihre Vertreter schon gar nicht wählen. Bevor nicht alles andere versucht ist, um das Bewusstsein der gewollt Kinderlosen zu ändern, halte ich Strafsteuern für sinnlos.

Und es ist nicht alles versucht, denn wir haben die Anti-Kinder-Fraktion jahrelang mit Argumenten traktiert, die sich eigentlich an bereits Bekehrte und Traditionalisten wenden. Das konnte nicht wirken. Wir müssen Argumente finden für die Avantgarde der Kinderlosen, für gut ausgebildete Singlefrauen und FDP wählende Erfolgsjungmänner, für entschiedene Nichteltern, für Unentschlossene und Schwankende. Dabei geht es um nicht weniger als um ein neues Menschen-, vor allem wohl ein neues Frauenbild. Diese Bewusstseinsarbeit wird nicht ganz leicht in einer Gesellschaft, in der, wie Renate Köcher, die Leiterin des Allensbacher Instituts für Demoskopie, feststellt, große Bevölkerungsgruppen gar keinen Kontakt mehr zu Kindern haben und in der gerade ein erheblicher Teil der Multiplikatoren in den Medien zu dieser kontaktlosen Gruppe gehören dürfte.

Der Schwierigkeit des Unterfangens spiegelt die Entschlossenheit wider, mit der die familienpolitische Auseinandersetzung am Ziel vorbeigeführt wird. Cornelia Piper etwa, damals noch Generalsekretärin der so gern die Eigenverantwortung betonenden FDP, beklagte zu Jahresbeginn 2005 die »Benachteiligung von Männern und Frauen, die Kinder haben wollten« – und stärkte damit, wohl ungewollt, ein weiteres Mal die selbstmitleidige Jammerfraktion derjenigen, die eigentlich nur eine Entschuldigung dafür suchen, dass sie keine Familie haben. Die familienpolitische Sprecherin der CDU-/CSU-Bundestagsfraktion, Maria Böhmer, forderte zum Thema Nachwuchs zwar einen »sehr deutlichen Bewusstseinswandel in der deutschen Bevölkerung«, doch ihre Partei setzt in der Familienpolitik ebenso wie die SPD vor allem auf materielle Anreize und den Ausbau von Kinderbetreuung und Ganztagsschulen – wichtige familienpolitische Maßnahmen, die aber gewollt Kinderlose nicht beeindrucken. Wenn schließlich Bundespräsident Horst Köhler fordert, Deutschland solle das familienfreundlichste Land Europas werden, kann man sich sogar als praktizierender Elternteil schon fast fragen, ob das eine Drohung sein soll: Kommt jetzt eine Wickeltischoffensive für alle Herrentoiletten? Das Verbot, im Restaurant mit Messer und Gabel zu essen? Schnuller-Desinfektionsstationen in allen öffentlichen Gebäuden? Irgendwie klingt es immer unheimlich, wenn wir Deutschen die Besten in irgendwas sein wollen.

Um es noch einmal klar zu sagen: Ich bin nicht gegen klassische Familienpolitik, und ich glaube auch, dass es insgesamt zur Popularisierung eines Lebensmodells beiträgt, wenn Eltern einigermaßen sicher sein können, dass dieses Modell sie nicht in Armut und Elend stürzen wird. In dieser Hinsicht hatte die rot-grüne Bundesregierung sich wenig vorzuwerfen: Sie hat das

Kindergeld erhöht, die Steuern für Familien gesenkt, die Elternzeit flexibilisiert und Eltern mit einem deutlich erweiterten Teilzeitanspruch am Arbeitsplatz ausgestattet. Es soll mehr Ganztagsschulen geben, und Kommunen, freie Träger und Arbeitgeber werden gedrängt, neue Wege in der Kinderbetreuung zu suchen. Mit dem Wechsel von Bundesfrauenministerin Christine Bergmann zu Bundesfamilienministerin Renate Schmidt (beide SPD) gab es eine deutliche Akzentverschiebung: von der eher klassisch-feministisch an Frauenförderpolitik interessierten Bergmann zum »Familientier« Schmidt.

Schmidt war nahezu die einzige Ministerin im Kabinett Schröder, die für ihren gesellschaftlichen Verantwortungsbereich ein durchbuchstabiertes Konzept vorweisen konnte – die Union hingegen kämpft bis heute mit dem Widerspruch, einerseits eine traditionalistische Hausfrauenklientel vertreten zu müssen und andererseits die unausweichliche Modernisierung des Familienbildes zu bewältigen. Schmidt war eine höchst geeignete Symbolfigur für fortschrittliche Familienpolitik: Bei ihr würde man sich mit großem Behagen zum Weihnachtsbraten an den Küchentisch setzen; zugleich hat sie ein ganzes Berufsleben lang gearbeitet, als Politikerin oft weit weg von zu Hause und mit fürchterlichen Arbeitszeiten. Sie vermittelte als Person glaubwürdig, dass zu einem erfüllten Frauenleben vieles gehört: Männer, Kinder, Beruf, Politik, ein schönes Zuhause und Neugier auf die Welt draußen. Man nimmt ihr ab, dass sie weiß, was es heißt, mit wenig Geld auszukommen, im fliegenden Wechsel zwischen Ehemann, Oma und Tagesmutter die Kinderbetreuung zu organisieren und bei aller Hektik genau zu merken, wann ein Kind einen braucht.

Renate Schmidt hat vielfach, in Interviews, in Gesprächen und in ihren Büchern, die jungen Väter gedrängt, in der Familie mehr Pflichten zu übernehmen. Und sie steht auch für den Versuch, sehr ernsthaft mit der Wirtschaft über unternehmenskulturelle Veränderungen ins Gespräch zu kommen: Warum, fragt sie immer wieder, werde bei Einstellungsgesprächen nicht ermutigend nach Kindern gefragt, nach dem Motto: »Junger Mann, wenn Sie noch keine Kinder haben, fehlt Ihnen aber vielleicht die Fähigkeit, präzise zu planen und Aufgaben in einem genau abgezirkelten Zeitraum zu erledigen. Da schauen wir doch erst mal, ob wir nicht jemanden mit Familienerfahrung finden.«

Um gerade dieses Umdenken in Firmen zu fördern, hat Schmidts Ministerium eine Kampagne erdacht, die so genannte »Allianz für Familie«, die Arbeitgeber und politische Akteure in ein Gespräch darüber verwickeln soll, wie familienfreundliche Arbeitszeiten, Personalplanung und Unternehmenskultur aussehen müssten. Unterfüttert wird die »Allianz« durch »lokale Bündnisse für Familie«, die bundesweit versuchen, alle zusammenzubringen, die dazu beitragen können, dass Berufstätigkeit und Elternschaft sich vereinbaren lassen. Beteiligt sind Unternehmen, Jugendämter, Industrie- und Handelskammern, Frauenvereine, Universitäten. Zu den interessanten Maßnahmen, die verwirklicht werden, gehören veränderte Praxis- und Kita-Öffnungszeiten, Notfallkindergärten, »Leihomas«, angepasste Busfahrzeiten, Spielecken in Büros, Qualifizierungsprogramme für Tagesmütter, Kontaktbörsen für Eltern und Betreuungspersonal. Zweihundert Unternehmen sind an den lokalen »Bündnissen« beteiligt, insgesamt fünfundzwanzig Millionen Menschen leben in ihren Einzugsgebieten.

Man kann eine solche Politik vorbildlich finden – ich tue es – und trotzdem einen Rest Zweifel an ihrer Wirksamkeit hegen. Immerhin war es bemerkenswert, dass eine deutsche

Regierung relativ unverhohlen und dabei in angenehmem Ton begann, Bevölkerungspolitik zu machen, also durchaus ganz entschieden darauf hinarbeitete, dass mehr Kinder geboren werden. Die Botschaft lautet: »Seht her, es ist gar nicht so schwer, wir machen die Vereinbarkeit von Familie und Beruf so leicht wie nie zuvor.« Ich frage mich allerdings, ob dies nicht gerade an jene Leute unsichtbare Signale aussendet, die in ihrem Kinderwunsch schwanken oder sowieso eher zum Seychellen-Modell neigen: Wenn für die Vereinbarkeit von Familie und Beruf an allen Fronten so hart gekämpft wird, dann muss das ja eine ungeheuer schwierige Sache sein. Etliche lassen es da lieber gleich ganz, egal, wie gut das staatliche Betreuungssystem zu sein vorgibt.

Die zweite subtile Botschaft der Vereinbarkeitsrhetorik: Wer gar nichts vereinbaren will, wer sich für eine Hausfrauen- und Elternexistenz entschieden hat, muss sich ganz schön altmodisch fühlen. Das signalisieren nicht nur die modernen Single-Romane, sondern auch die Regierungskampagnen.

Und das führt zu einem dritten Punkt meiner Skepsis: Ich fürchte, dass die familienpolitische Debatte bei uns eine rein ökonomistische Wendung nimmt – das mag unter einer Unionsregierung noch schlimmer werden, wenn nicht die Hausfrauen-, sondern die Wirtschaftsfraktion die Oberhand gewinnt. Zugegeben, ich sehe die finanziellen und Vorsorgerisiken, die mit der Hausfrauenexistenz heute verbunden sind. Ich gebe als berufstätige Mutter freimütig zu, dass auch mir die rein häusliche Sphäre – selbst mit mehr als einen Kind – zu eng wäre. Aber mich macht die Einmütigkeit misstrauisch, mit der heute auch Wirtschaftsverbände und Ökonomen nach »Vereinbarkeit« rufen: Womöglich brauchen sie in absehbarer Zeit die Frauen als Arbeitskräfte. Vielleicht sollen die bereits berufstätigen Mütter flexibler sein und seltener wegen ihrer Kinder verhindert. Vielleicht hat die Wirtschaft gar ein Interesse daran, Löhne zu zahlen, die das Alleinverdienermodell unmöglich machen. Aber wollen sie wirklich »Vereinbarkeit« für die Familien? Sind sie wirklich für mehr Kinder?

Wir möchten so gern Rationalität erkennen in den Postulaten der Wirtschaft, wir möchten glauben, dass den Unternehmen das Kollektivgut »gesellschaftlicher Fortbestand« wichtig ist und dass sie bereit sind, dafür Opfer zu bringen. Aber gibt es irgendwelche Hinweise darauf? Nicht in Zeiten von Massenentlassungen und der Dauerdrohung mit den Niedriglohnländern gleich vor der Haustür in Osteuropa. Das größte materielle Problem junger Familien und noch schwankender Kinderloser dürfte tatsächlich nicht die Kinderbetreuung sein, sondern die Sicherheit ihres Einkommens in der globalisierten Volkswirtschaft – und das Vertrauen darauf, dass ihr Arbeitgeber ihnen diese Sicherheit erhalten möchte. Es ist doch kein Zufall, dass sich in Deutschland die höchsten Geburtenraten in den wirtschaftlich prosperierenden Gegenden Bayerns und Baden-Württembergs finden und in sehr traditionell orientierten Landstrichen wie dem katholischen Westniedersachsen, während in wirtschaftlich desolaten Regionen wie Mecklenburg-Vorpommern oder Sachsen-Anhalt die Kinderbetreuung noch so fantastisch sein kann, ohne irgendeinen Einfluss auf die Geburtenrate oder den Zuzug von Familien zu entfalten.

Zu der Sicherheit, die Familien brauchen, gehört auch das Gefühl, genug Zeit für die Kinder zu haben und nicht permanent Umzugs- und Überstundenerwartungen von Arbeitgeberseite ausgesetzt zu sein. Das Zeitproblem kann keine Kinderbetreuung vollkommen aus der Welt schaffen, denn sie findet ihre Grenzen in den Kindern selbst: Auch wenn sie gern zur

Tagesmutter oder in den Kindergarten gehen, reichen acht oder zehn Stunden Gruppenspiel, um noch das fitteste Kleinkind zu erledigen. Irgendwann müssen Dreijährige schlafen, und dann muss jemand zu Hause sein. Vertraute Bezugspersonen sind, zum Beispiel bei Krankheit, eben nicht beliebig austauschbar – Kinder funktionieren einfach anders als der total flexibilisierte Arbeitsmarkt.

Mit Beginn der industriellen Produktionsweise sei das Leben in Haus- und Erwerbsarbeit zerfallen, schreibt die Berliner Soziologin Beate Clausnitzer in der *ZEIT*: Die Industriearbeit – und das gilt auch für die moderne Dienstleistungswelt – habe keine geschlechtliche Identität, sie könne von Männern und Frauen erbracht werden. Gleichzeitig sei sie zur Norm für Arbeit überhaupt geworden: Nur was außerhalb des Hauses stattfindet und bezahlt wird, hat einen Wert. »Die Versuche der Frauenbewegung, Gleichberechtigung über Erwerbsarbeit als ›Chancengleichheit‹ zu realisieren, konnten nicht gelingen«, schreibt Beate Clausnitzer, »weil Erwerbsarbeit eine konträre (geschlechtsneutrale) Struktur zu der mit Mutterschaft verbundenen Arbeit bildet und somit die hier durchgesetzte ›Gleichberechtigung‹ vom Prinzip her ein Verzicht auf Mutterschaft und damit verbundene weibliche kulturelle Praxis bedeutet.... Der Geburtenrückgang ist die logische Konsequenz aus einem hoch industrialisierten Arbeitssystem, das Arbeit ausschließlich nach Kriterien der Effizienz organisiert und als solche anerkennt. Kinder dagegen sind nicht effizient, sie bedeuten unermessliche Arbeit, eine Investition in die Zukunft, die man selbst nicht mehr erleben wird.«

Ich bin durchaus der Meinung, dass die »weibliche kulturelle Praxis« der Mutterschaft stärker durch eine kulturelle Praxis der Elternschaft überformt werden sollte, als das bisher der Fall ist, aber ich glaube wie Beate Clausnitzer, dass »Familie« letztlich eine Sphäre sein muss, die sich der totalen Harmonisierung mit den Bedürfnissen der Arbeitswelt entzieht. Und ich glaube, dass die ökonomistische Logik, die gegenwärtig darauf zielt, alle Frauen in die Produktion zu verfrachten, sich diese letzte freie Sphäre einzuverleiben sucht.

Die Berufstätigkeit der Frauen soll ihnen selbst mehr Freiheit und ihnen, ihren Familien und der Gesellschaft mehr Wohlstand bringen. Was aber, wenn sie zugleich die Voraussetzungen der kapitalistischen Wirtschaftsweise untergräbt? Es gilt als bevölkerungswissenschaftlich gesicherte Erkenntnis, dass die Berufstätigkeit von Frauen die Geburtenrate senkt; selbst in Ländern, die uns in Bezug auf Kinderbetreuung als vorbildlich gelten, wie zum Beispiel Schweden, ist die Geburtenrate nicht bestandserhaltend. Die Erwerbstätigkeit der Frauen könne die Schrumpfung der Gesellschaft nicht aufhalten, schreibt Herwig Birg – im Gegenteil: Sie fördere die Kinderlosigkeit.

Ausgerechnet bei Joseph Alois Schumpeter, einem der radikalsten Vertreter des Wirtschaftsliberalismus, hat Birg eine interessante Überlegung gefunden: In *Kapitalismus, Sozialismus und Demokratie* vertritt Schumpeter die These, dass der Kapitalismus seine Energie aus »außerkapitalistischen« Quellen schöpfe und dass der Prozess der kapitalistischen Entwicklung seine eigenen Quellen zerstört: »Sobald Männer und Frauen ihre utilitaristische Lektion gelernt haben; sobald sie traditionelle Rollenarrangements nicht mehr hinnehmen; sobald sie sich daran gewöhnt haben, jede Entscheidung nach ihrem Nutzen für sie selbst zu beurteilen – oder vielleicht eher: sobald sie ihr Privatleben mit einer Art unausgesprochenem Bilanzsystem ausgestattet haben –, können sie nicht länger übersehen, dass Familienbande und besonders Elternschaft unter modernen Lebensbedingungen eine Behinderung darstellen. Zugleich muss ihnen klar werden, dass Kinder keine wirtschaftlichen Vorteile mehr bringen – abgesehen vielleicht von Bauern- und Landarbeiterkindern. Die Opfer sind nicht rein finanzieller Natur, sondern umfassen auch einen enormen Verlust an Komfort, an Sorglosigkeit und der Möglichkeit, immer interessantere Lebensentwürfe zu genießen. Dass diese im Kopf aufgemachte Bilanz unvollständig, ja sogar ganz falsch sein könnte, hindert niemanden daran, sie aufzumachen«, schreibt Schumpeter.

Aus diesem Grund, damit der Kapitalismus seine eigenen Voraussetzungen nicht kannibalisiere, müsse die »nachhaltige Bevölkerungsentwicklung« in das »magische Dreieck« der ökonomischen Entwicklungsziele – außenwirtschaftliches Gleichgewicht, Vollbeschäftigung, Preisstabilität – aufgenommen werden, fordert Birg. Man darf sich fragen, ob die ungebremste Vereinbarkeitslogik unserer Tage zu diesem Ziel beiträgt. Theoretisch wäre gewiss ein Modell denkbar, in dem die Kindererziehung komplett aus der Familie outgesourct wird. Im Ergebnis müsste das Wochenkrippen bedeuten wie einst in der DDR, doch auch dieses Modell sichert offenbar nicht den Fortbestand der Gesellschaft – weil Eltern es nicht wollen, und weil es Nichteltern nicht lockt. Zu einer Politik für mehr Kinder gehört also mindestens so sehr wie ein Programm für gute Kinderbetreuung ein Programm für den Erhalt einer wirtschaftsfreien, nichtökonomisierten, ineffizienten, freien Familienzone. Nur wer überzeugt ist, dass er grundsätzlich seine Familienpflichten frei selbst bestimmen kann, der kann auch ernsthaft an Kinder denken – und die »außerkapitalistische« Energie produzieren, die unsere Gesellschaft zum Leben braucht. Das müssen nicht die Mütter sein, das soll kein reaktionäres Plädoyer sein für die Hausfrauenehe, allerdings eines gegen die blinde und törichte Diskriminierung derjenigen, die sich für diesen Weg entschieden haben – vielleicht manchmal nicht aus freien Stücken, gewiss immer auf eigene Kosten und sicher nicht auf Kosten der Gesellschaft.

Der Soziologe Thomas Kühn befürchtet ebenfalls, dass regierungsamtliche Werbekampagnen wie »Mehr Zeit für Kinder« eher die Hemmschwellen für Kinderlose, in den Elternstand zu treten, erhöhen: Weil sie sich fürchten, diese zusätzliche Zeit nicht aufbringen zu können; weil sie überhaupt zu dramatische Vorstellungen davon haben, wie kompliziert und anspruchsvoll Erziehung sei. Das ist noch eine eher freundliche Deutung des Abschreckungseffekts. Weniger freundlich könnte man auch sagen: »Mehr Zeit für Kinder« heißt notwendigerweise »weniger Zeit für uns«. Ob sich dieser Botschaft ein nicht verkitschtes und dennoch verlockendes Bild jenes Mehrwerts entgegensetzen lässt, den ein Leben mit Kindern trotz aller Belastungen »produziert«, dürfte entscheidend sein für die Überzeugungskraft künftiger Pro-Familien-Kampagnen.

Auf jeden Fall hat Kühn Recht, wenn er die Einseitigkeit der Vereinbarkeitsdebatte kritisiert: Die Tatsache, dass etwa der Erziehungsurlaub zur überwältigenden Mehrheit von Frauen genommen wird, schreibt Kühn, werde stets nur ökonomisch interpretiert, das heißt als Konsequenz daraus, dass sich auf das im Zweifelsfall niedrigere Einkommen der Frau leichter eine Zeit lang verzichten lasse als auf das höhere Männergehalt. Es sei sicherlich auch reaktionär, den Ausbau von Ganztagseinrichtungen zu kritisieren, da Deutschland in diesem Bereich ohne Zweifel schlecht ausgestattet sei: »Es muss aber auch darauf hingewiesen werden, dass die gegenwärtigen Bedürfnisse eines großen Teils von Männern und Frauen damit nicht angesprochen werden, und diese Maßnahmen somit für einen Großteil der Bevölkerung das Vereinbarkeitsproblem nicht lösen werden.... Die Bereitschaft, Erziehungsverantwortung für Kleinkinder in den ersten Jahren an gesellschaftliche Betreuungseinrichtungen oder außerfamiliäre soziale Kontaktpersonen abzutreten, ist bei weiten Teilen der Bevölkerung zurzeit nicht einmal im Ansatz vorhanden.«

Diejenigen Frauen, die ohnehin mehr zur Karriere neigen, lösen diesen Widerspruch auf, indem sie ganz auf Kinder verzichten; eine Mittelgruppe, etwa jede dritte Frau mit Kleinkind, kämpft an allen Fronten des schlechten Gewissens, und die übrigen ziehen sich zeitweise oder ganz ins gesellschaftliche Off des Hausfrauendaseins zurück.

Wenn man diese Gemengelage verändern möchte – weil man der Überzeugung ist, dass berufstätige Mütter kein schlechtes Gewissen haben sollten; weil man findet, dass die Kinderlosen sich selbst und der Gesellschaft schaden; weil man die häusliche Sphäre allein als Entfaltungsraum zu eng findet –, muss man offenbar den Wunsch nach Erziehung in der Kleinfamilie ernst nehmen. Die Dauerpropaganda für Fremdbetreuung und volle Erwerbsbeteiligung der Frauen löst das Problem erkennbar nicht.

Nötig wäre eine Akzentverschiebung in der Debatte, hilfreich wäre der Versuch, Einstellungen zu verändern. Dazu brauchen wir erstens eine andere Haltung gegenüber der Kinderbetreuung. Wenn Eltern oder auch Schwankende nicht glauben, dass ihre Kinder in Betreuungseinrichtungen ebenso gut gedeihen wie zu Hause, kann man das borniert als Vorurteil abtun, oder man kann über die Qualität der Erziehung in den Einrichtungen diskutieren. Ein Ganztagskindergarten ist für viele Eltern eine Art Blackbox. Sie wissen nicht, was dort Tag für Tag geschieht, wie die Erzieherinnen und die anderen Kinder mit dem eigenen Sprössling umgehen. Hingegen sind sie sicher, dass »nur die Familie der Ort ist, an dem das Kind dafür geliebt wird, dass es ist, wie es ist«, schreibt Antje Schmelcher in der *WELT*. Und sie hat Recht.

Die Erzieherinnenausbildung in Deutschland hat Jahrzehnte der sozialpädagogischen Professionalisierung hinter sich, aber um Liebe zu den Kindern geht es dabei gerade nicht; freilich auch nicht um bürgerliche Vorstellungen der frühkindlichen Bildung und Höherführung. In dieser Hinsicht gibt es höchstens Ansätze zu einem Bewusstseinswandel unter den Vorzeichen der allgemeinen Turbo-Ideologie im Bildungswesen: Es gibt Einrichtungen, die es für förderlich halten, Kindern schon im Kindergarten Computerkenntnisse oder Englisch zu vermitteln. Aber zwischen diesen modischen Spitzen und relativ unstrukturiertem Gematsche und Getobe klafft eine große Lücke, die eben allzu oft nicht durch freundliche Anleitung, durch Vorlesen, Musikunterricht, Turnen, Malen und Museumsbesuche ausgefüllt wird, also durch das, was gelegentlich als »bildungsbürgerliche« Erziehung gering geschätzt wird.

Das einzelne Dreijährige kann sehr leicht in einer Gruppe von zweiundzwanzig Kindern an den Rand geraten und dort, von jedermann unbemerkt, unglücklich sein. All die »Professionalisierung« hat es eben nicht vermocht, der »Kita« den gleichen quasi präakademischen Nimbus zu verleihen, wie ihn die französische *école maternelle* genießt: ein Imageproblem, das sich nur durch Veränderungen des Angebots beeinflussen lässt, nicht durch immer mehr vom Gleichen. Zu dieser Veränderung gehört übrigens nach meiner Überzeugung auch eine akademische Ausbildung der Erzieherinnen. Das ist politisch nicht leicht durchsetzbar, weil sie dann ganz anders bezahlt werden müssten, aber gerade die komplexe Mischung aus Pädagogik der frühen Kindheit, Sozialarbeit und Erziehungsauftrag, die eine gute Kindertagesstätte ausmachen könnte, ist mit Realschülerinnen nicht zu erreichen.

Neben der Qualitätsdebatte, neben dem unerlässlichen Versuch, die Erziehungseinrichtung kleinräumiger, liebevoller, familienähnlicher und bürgerlicher zu machen, bietet vermutlich vor allem die massive Förderung von Tagesmuttermodellen die Chance, Eltern für eine Fremdbetreuung ihrer Kinder zu gewinnen. Dabei produzieren »Bündnisse für Familie« interessante Ideen: Im Kreis Ostfriesland etwa werden junge Mütter, die sich in die Elternzeit begeben, ermutigt, zusätzlich zu ihren eigenen ein oder zwei Kinder in Betreuung zu nehmen. Um sich auf diese Aufgabe vorzubereiten, können sie Kurse besuchen und sich später als Tagesmutter zertifizieren lassen. Für die jungen Frauen ist das eine Einkommensquelle und ein Weg aus der Einsamkeit, die viele Mütter mit kleinen Kindern kennen. Und die »outsourcenden« Elternteile wissen, dass beide Familien sich in einer ähnlichen Lebenssituation befinden.

Eine etwas selbst gebasteltere Form dieser Betreuungsweise hat es mir seinerzeit ermöglicht, meine Doktorarbeit trotz eines winzigen Babys zu Ende zu schreiben: Jeweils wochenweise waren meine Tochter und der Sohn einer Freundin aus dem Geburtsvorbereitungskurs vormittags bei mir oder bei ihr – hatte ich kinderfrei, hechtete ich an den Schreibtisch und arbeitete mit eiserner Disziplin; war sie entlastet, dann stürzte sie in die Klinik und machte irgendwelche Reihenuntersuchungen, die sie für ihre Dissertation brauchte. Alle zwei Wochen fünf Vormittage: Das war nicht gerade viel Arbeitszeit, aber die Knappheit erhöhte die Konzentration ungemein – kein Vermeidungsbügeln mehr, o nein!

Zugleich war diese Betreuungsweise so kleinteilig, dass weder die Freundin noch ich auch nur den Ansatz eines schlechten Gewissens hatten: Wir wussten, dass es beiden Kindern gut ging, und erhielten auf diese Art sehr schnell wieder einen persönlichen Freiraum, den wir für uns selbst nutzen konnten. Natürlich ist dieses studentische Modell keine Lösung für eine ernsthafte Berufstätigkeit, doch es zeigt, welche Einstellung nötig ist, damit Eltern ihr Kind gern anderen überlassen: Sie müssen ähnlich über Erziehung denken wie man selbst, sie müssen nett sein und das Kind ein bisschen mögen; man möchte möglichst genau wissen, wie der Tagesablauf aussieht und wie das Kind sich fühlt. Das fällt bei kleinen, individuellen Einrichtungen natürlich viel leichter als bei Kindergärten mit großen Gruppen. Unsere beste Kinderbetreuungszeit hatten wir, Eltern und Tochter, zwischen ihrem anderthalbten und dritten Lebensjahr, als sie in eine kleine, fünfköpfige Gruppe ging, die von einer unglaublich freundlichen, klugen Sonderschullehrerin geleitet wurde. Unsere Tochter war dort zeitweise fast lieber als zu Hause – und ist mit einigen der Kinder von damals immer noch eng befreundet. In diesem Haus herrschte eine so offene, herzliche Atmosphäre, dass Anne, die Gruppenleiterin, häufig genug Eltern, die sich festgeschwatzt hatten, sanft zum Gehen drängen musste.

Solche Modelle sind meiner Meinung nach förderungswürdig, und wer Unternehmerinnen wie Anne für ihre Einrichtung Bürokratie und Behördenstress ersparen würde, täte viel für die Akzeptanz von Kinderbetreuung außerhalb der

Familie. Ähnliches gilt übrigens auch für Nannys und Kinderfrauen, die nach Hause kommen: Wenn sie nicht auf Vierhundert-Euro-Basis arbeiten – und diese Summe reicht nicht für eine Ganztagsbetreuung –, dann hat der Haushalt, der sie einstellt, ganz erheblichen Aufwand zu bewältigen, bekommt eine eigene »Betriebsnummer« beim Finanzamt und wird von den Behörden wie ein Betrieb mit eigener Finanzbuchhaltung behandelt, was notorisch zeitknappe berufstätige Eltern in die Verzweiflung treiben kann.

Neben der Vertrauens- und Entbürokratisierungsoffensive für Kindergärten und private Betreuungspersonen geht es bei einer werbenden Kinderpolitik vor allem um einen organisierten Bewusstseinswandel. Das größte Problem stellt dabei das Konzept von Elternschaft selbst dar: Sie wird überwiegend als Ende der Jugend, als Aufgabe von Freiheit, als Quelle von Belastungen gesehen. Und junge Leute haben es in einer extrem jugendfixierten Gesellschaft nicht eben eilig damit, die Jugendphase abzuschließen. Manche Menschen möchten sie gar am liebsten auf ihr ganzes Leben ausdehnen.

Alles, was man dagegensetzen kann – Erzählungen davon, wie glücklich Kinder machen, Appelle an die uns immer mehr abhanden kommende Fähigkeit, uns selbst in den Kindern weiterleben zu sehen –, wirkt stets ein wenig bemüht, ein bisschen spießig, auch ein bisschen unehrlich, denn solange ein spontaner, hedonistischer Freizeitstil einerseits und totale Arbeitsverfügbarkeit andererseits das Bild des erstrebenswerten Lebens bestimmen, *sind* Kinder ja eine Einschränkung.

Wenn man selbst die Einzige ist, die morgens blass und unausgeschlafen aussieht, weil man nachts dreimal wachgeschrien wurde und um halb sieben endgültig aufstehen musste, hasst man die Ganztagsfrühstücker. Wenn man weiß, dass man sich gar nicht erst für die interessante Vortragsreise zu den südamerikanischen Goethe-Instituten zu melden braucht, weil zehn Tage Abwesenheit von zu Hause organisatorisch einfach nicht zu bewältigen sind, ist man dem Kollegen gram, der problemlos fahren kann. Eigentlich erträgliche Belastungen bekommen ein unverhältnismäßiges Gewicht, wenn man sich allein davon niedergedrückt fühlt – gemeinsam erlebt und in Angriff genommen, wären sie kaum ein Problem.

Deshalb mag neben anderen, traditionell kinderreichen Gegenden auch der Prenzlauer Berg in Berlin ein so kinderorientiertes Milieu sein: Wo es als besonders schick gilt, Kinder zu haben – auch als junge Videokünstlerin, Journalistin, Intendantin oder Anwältin –, da entschließen sich selbst Schwankende offenbar leichter zum Kind. Wenn diese Entscheidung aber doch in gewisser Weise modeabhängig ist, und wenn auf der Mikroebene zum Teil ganz andere Trends zu beobachten sind als im Großen, dann müsste auch der Großtrend zur Kinderlosigkeit beeinflussbar sein, und zwar eben nicht nur durch materielle Zuwendungen und Kinderbetreuungsangebote, sondern vor allem durch einen Klimawechsel.

Die Zeit ist reif für eine neue Mode: Die Reize der Spaßgesellschaft, der Pop-Journalismus, die Ego-Kultur, die Erfolgsbesoffenheit der Neue-Markt-Jünger sind längst fadenscheinig geworden, wir wissen nur noch nicht so recht, was an ihre Stelle treten soll. Eine Auflehnung gegen den Kult der ewigen, verantwortungslosen Jugend wäre da eigentlich eine gute Idee. Wohlgemerkt: Es ist schön, dass vierzig Jahre als die »neuen dreißig« gelten, es ist eine Erleichterung, dass Frauen über vierzig nicht mehr automatisch mit einer geblümten Kittelschürze ausgestattet werden, und es ist eine Errungenschaft, dass eine ganze Jogging-Generation ihr immer längeres Leben bei immer besserer Gesundheit genießen kann. Ich plädiere keineswegs für eine Rückkehr zu alten Erwachsenenbildern, aber ich meine, dass wir irgendwo zwischen fünfundzwanzig und vierzig eine neue Kategorie des »Erwachsenseins« einziehen sollten. Und der entschiedenste Schritt zum Erwachsensein ist eben nicht der Berufseinstieg, sondern die Verantwortung für ein Kind.

Diese Verantwortung ist schwer zu erklären, sie klingt schon wieder so freudlos, ist ja durchaus eine ernsthafte Sache. Es ist aber eben auch befriedigend, die mindere Ernsthaftigkeit vieler anderer Dinge im Leben plötzlich sehr deutlich wahrzunehmen. Wer ein Kind bekommt, kann bei sich selbst einen rasanten Prozess der Charakterentwicklung oder vielleicht der Neustrukturierung beobachten. »Ich war vor der Geburt meiner Tochter ein ganz anderer Mensch«, sagte eine *ZEIT*-Kollegin einmal in einer Konferenz zur Vorbereitung einer familienpolitischen Artikelserie, »und heute mag ich Leute überhaupt nicht mehr, die so sind, wie ich damals war.«

Dabei geht es nicht um eine neue Humorlosigkeit im würdigen Stand der Elternschaft, aber doch um die Komplettierung dessen, was man als Mensch sein kann. Und das heißt eben auch: unausweichlich zuständig für das Wohlergehen eines anderen; der Tatsache bewusst, dass es noch Wichtigeres gibt als MICH.

Wir brauchen eine Mode, die dieses Erwachsenenbild zwischen die Dauerjugend und den Ruhestand setzt. Wir brauchen Unternehmen, die den Beschäftigten mit Familienerfahrung dem eindimensionaleren Einzelkämpfer vorziehen; Universitäten und Stipendienausschüsse, die Kindererfahrung zumindest gelegentlich gleichsetzen mit der einen oder anderen Auslandserfahrung (nicht alle USA-Semester führen zur charakterlichen oder wissenschaftlichen Vollendung). Arbeitgeber müssten sich vornehmen, Erwachsene einstellen zu wollen; und Erwachsene sind in der Regel Menschen mit Kindern.

Doch Unternehmer wie den Rest der Bevölkerung wird nur ein großer kultureller Wandel beeindrucken: Nur wenn das Erwachsensein in Literatur, Theater, Film, Pop und Werbeindustrie als begehrenswerte Größe dargestellt wird, wird sich allmählich das Bewusstsein ändern. Dieser Prozess dürfte sich allerdings schwierig und zäh gestalten, da ja viele der Kultur- und Bedeutungsproduzenten selbst Anhänger des Jugend- und Stärkekults sind – während die Bilder, die einen solchen Wechsel der Moden befördern würden, wohl nur von Menschen hervorgebracht werden können, die sie selbst im Kopf haben.

Dafür, dass sich ein Gegenentwurf zur zerdehnten Jugend durchsetzen könnte, spricht immerhin das unbestreitbare Altern der Gesellschaft: Selbst die ewig jugendlichen Achtundsechziger, die in den nächsten zehn Jahren in den Ruhestand gehen, dürften irgendwann die Nase voll haben vom Zwang zu Dauerflexibilität und Körpertuning. Wir, die Mittleren, müssen allerdings aufpassen, dass nicht einfach eines Tages der jugendliche, ungebundene Biografiedesignkünstler als attraktives kulturelles Leitbild durch den unabhängigen Seniorenstudenten ausgetauscht wird. Dazwischen brauchen wir das Lebensleitbild der Erwachsenen mit Kindern.

Der Soziologe Thomas Kühn fordert in seinen Überlegungen zur familienfördernden Politik neue Leitbilder, die Familie nicht nur als Last, sondern auch als »Energiequelle und Entwicklungsraum für Kompetenzen« darstellen. Neue Leitbilder und Bewusstseinswandel – das sind relativ schwache Vorschläge, nicht so schön und konkret wie »Familiensplitting« bei der Steuer oder Ganztagsschulen.

Der Familiensoziologe Hans Bertram wird in seinem Gutachten zur »Nachhaltigen Familienpolitik« für das Bundesfamilienministerium vom Mai 2005 um einiges konkreter: Gerade für die hoch qualifizierten Eltern fordert er ein so genanntes »Elterngeld«, das im ersten Lebensjahr eines Kindes als Lohnersatzleistung gezahlt wird – so dass sich auch für gut verdienende Mütter (oder gar für Väter!) die Möglichkeit einer Elternzeit ohne dramatische finanzielle Einbußen ergibt. Die SPD hat diese Forderung in ihr Wahlprogramm übernommen. Bertram kritisiert zudem – wie viele andere – die überlangen akademischen Ausbildungszeiten. Er bleibt jedoch nicht bei der Klage stehen, sondern macht einen konkreten Vorschlag: Die Universitäten als »Monopolisten« der Eliteausbildung hierzulande sollten Verantwortung dafür übernehmen, dass Studentinnen und Studenten sich nicht nur durch Praktika und Auslandssemester qualifizieren können, sondern, wenn sie wollen, auch durch Familiengründung während des Studiums und Fürsorge für einen kleinen Mitmenschen. Zu diesem Zweck regt er unter anderem an, die universitären Frauenbeauftragten in »Familienbeauftragte« umzuwandeln. Die könnten sich dann um alle nachwuchsbezogenen Belange von Studierenden und Wissenschaftlern kümmern: Sei es Kinderbetreuung, sinnvoll gestaltete Arbeitszeit, zeitsparende Prüfungsfristen für Schwangere und eine Atmosphäre, die der frühen Elternschaft freundliche Anerkennung und Ermutigung entgegenbringt.

Bertram kritisiert als dritten Punkt eine tendenzielle Fehlförderung in den deutschen Sozialsystemen: Durch BAföG und Kindergeld, das vom Einkommen der Eltern abhängig sei, würden junge Leute unverhältnismäßig lange dazu gezwungen, im Elternhaus zu wohnen und auf die finanziellen Dispositionen ihrer Familien Rücksicht zu nehmen. Das zögere notgedrungen den Schritt in jene Selbständigkeit hinaus, die nun einmal Voraussetzung für die Gründung eines eigenen Haushalts sei. Der Familienwissenschaftler fordert eine stärkere Orientierung der Studienförderung am Prinzip der Eigenständigkeit für junge Erwachsene, wie sie etwa in Finnland praktiziert wird – dort gibt es regelrechte Strafkürzungen für allzu hartnäckige Nesthocker.

Solche Veränderungen der gesetzlichen Rahmenbedingungen würden nicht auf Knopfdruck die fortpflanzungstechnischen Verhältnisse in Deutschland verändern. Aber sie würden das Klima für diejenigen verbessern, die den Kinderschritt wagen wollen; und sie würden der allmählich mindestens etwas ärgerlichen Infantilisierung der Gesellschaft einen Riegel vorschieben. Wichtiger noch als die gesetzlichen Änderungen ist jedoch die Weiterentwicklung der kulturellen Wahrnehmung: »Es gibt einen Punkt, an dem alle Kulturen der Welt trotz der Relativität aller Werte miteinander verglichen werden können«, schreibt der Bevölkerungswissenschaftler Herwig Birg, »das ist die Fähigkeit, über das eigene Leben hinauszudenken und entsprechende Entscheidungen zu treffen. Die Menschen in Deutschland und Europa haben diese Aufgabe schon seit Jahrzehnten nicht mehr zufrieden stellend erfüllt. Als Konsequenz wird das demografische Defizit im 21. Jahrhundert unaufhaltsam zunehmen. Alles scheint von der Kultur abzuhängen, aber mit der Kultur hat es eine eigene Bewandtnis. Wenn einer Kultur die Fähigkeit fehlt, in ihren Kindern weiterzuleben, woraus sollen dann die Mahnungen und Appelle für eine Änderung der kulturellen Werte ihre Kraft schöpfen? Bloße Appelle können nicht aus der Sackgasse der demografischen Schrumpfung oder Alterung herausführen. Eine Änderung der Wertebasis zu fordern scheint deshalb einen Widerspruch zu bergen. Aber es kann keine andere Quelle geben, aus der sich eine Kultur erneuert, als die Kraft dieser Kultur selbst.« Uns bleibt also nichts anderes, als neu und anders über Kinder, Familie und Erwachsenwerden zu sprechen und den nötigen Kulturwandel rhetorisch zu inszenieren.

Familienarbeit, schreibt Thomas Kühn, müsse ein Lebenslaufabschnitt sein, der »berufsbiografische Wege eröffnet, nicht verschließt«. Aber wie bekommt man Arbeitgeber dazu, das genauso zu sehen? Wie redet man Personalchefs ein, sie sollten im Zweifel lieber die Mutter zweier kleiner Kinder einstellen als den jungen Kollegen mit Harvard-Semester? Wie realistisch ist ein »Bonussystem für Familienarbeit«? Die Wirtschaft zeigt sich dort entgegenkommend, wo sie selbst ein konkretes Interesse hat, zum Beispiel bestimmte weibliche Arbeitskräfte zu halten, oder wo sie für die Zukunft Fachkräftemangel befürchtet. Fast sechzig Prozent aller Betriebe in Deutschland bieten nach Angaben des Statistischen Bundesamts flexible Arbeitszeiten an, vierzig Prozent vorübergehende Teilzeitarbeit und immerhin schon zweiundzwanzig Prozent die ergebnisorientierte »Vertrauensarbeitszeit«. Nur ein Fünftel aller Unternehmen hat nach einer Untersuchung des Instituts der Deutschen Wirtschaft keinerlei familienfreundliche Angebote und betrachtet Kinderbetreuung und Elternförderung »nicht als betriebliche Aufgabe«.

Im Prinzip scheint sich also auch in der Sphäre der Wirtschaft so etwas wie ein Kulturwandel anzudeuten. Und die rot-grüne Familienministerin Renate Schmidt hätte Recht damit gehabt, dass sie stark auf Bündnisse mit der Wirtschaft setzte und familienfreundliche Betriebe öffentlichkeitswirksam mit Preisen auszeichnete. Doch solch eine Strategie braucht Zeit zu wirken, und es wäre zu früh, über Erfolg oder Misserfolg zu urteilen.

Schmidts Werben um die Kooperation der Wirtschaft in Familienfragen zielte freilich rhetorisch eher auf »Kinderfreundlichkeit als Standortfaktor« und die Verschwendung von möglichst wenigen weiblichen Ausbildungs- und Arbeitskraftressourcen. Weniger thematisiert wurde die soziale Gesamtverantwortung, die auch die Wirtschaft für den Fortbestand der Gesellschaft hat. In dieser Frage aber gilt nach wie vor, dass den Unternehmensleitungen andere Standortfaktoren mehr am Herzen liegen als die deutsche Geburtenrate: zum Beispiel niedrigere Löhne und geschrumpfte Arbeitnehmerrechte. Dafür sind sie nach wie vor bereit, ganze Produktionslinien in Billiglohnländer zu verlagern oder, wie die Deutsche Bank, selbst bei Rekordgewinnen wie im Jahr 2004 tausende von Mitarbeitern zu entlassen. Dieses Bild von Wirtschaft als einer Sphäre, die vom Einzelnen alles verlangt, aber trotzdem nicht bereit ist, jene berufliche Sicherheit zu gewähren, die Menschen für eine Familiengründung benötigen, überdeckt offenbar, zusammen mit den anderen Anti-Kinder-Motiven, die familienpolitische Wirksamkeit noch des nettesten Teilzeitarbeitsplatzes.

Es führt kein Weg daran vorbei: Wirtschaftsverbände, Unternehmer, Ökonomen und Publizisten müssen weg von dem gnadenlosen und bis zu einem gewissen Grad einfach nur modischen Flexibilisierungsgerede der letzen fünfzehn Jahre, wenn sie wirklich zu einem Kulturwandel beitragen wollen. Das klingt nur im ersten Moment wie eine wohlfeile und teure Forderung an »die Wirtschaft«: Tatsächlich würde ein solches Verhalten dazu dienen, die »außerkapitalistischen Quellen« zu erhalten, die kapitalistisches Wirtschaften erst ermöglichen.

# PARTNERSCHAFT ALS PRODUKT

*Traumhochzeit · Die betrogene Ehefrau · Romantische Vorstellungen und reale Scheidungsraten · Die Trennungsdynamik geht von den Frauen aus · Abzockerinnen? · Unterhaltsrecht · Scheidung bei Schlechtverdienenden · Die Alleinerziehenden-Ideologie · Singlemarkt und Partnershopping · Rationale Auswahlverfahren, irrationale Auswahl · Die arrangierte Ehe · Was Beziehungen erfolgreich macht*

Kein Liebespaar wird uns mehr geschasst
zu lebenslänglichem Eheknast!
Die Untertanen-Fabrik geht ein!
so soll es sein,
so soll es sein,
so wird es sein.

Wolf Biermann

Die Ausstattung erinnerte an den Film *Vier Hochzeiten und ein Todesfall*, auch wenn das Ereignis nur in einer kleinen Stadtrandkirche in Norddeutschland stattfand. Der Bräutigam trug Frack, die Braut ein Kleid aus schwerer Seide, mit enger Korsage, weit auslaufender Schleppe und langen weißen Handschuhen. Sie sah *nicht* aus wie ein Baiser, sie sah wunderschön aus. Der Blumenschmuck in der Kirche, die kleinen Sträuße an den Bankreihen, die Gestecke neben dem Altar waren auf das Brautkleid abgestimmt und hatten einen ganz leichten Einschlag ins Asiatische, wie auch das Buffet später unter dem Motto *fusion* stand und asiatische mit europäischen Elementen elegant verband.

Für die Trauungszeremonie hatte das Paar den Pastor ausgegraben, der die Braut schon konfirmiert hatte; kleine gelockte Nichten streuten Blumen; zwei Studienkollegen des Bräutigams gaben Lieder zur Gitarre zum Besten; einige hundert Freunde und Verwandte waren gekommen, um mit dem Brautpaar zu feiern. Über den fast aufdringlichen Realismus in der Ansprache des Pastors war ich ein wenig verwundert: Er sagte, es werde in dieser Beziehung sicher nicht nur gute Zeiten geben, nichts währe ewig, man müsse mit Krisen und Untreue durchaus rechnen. Etwas defensiv aus Sicht der Kirche, fand ich. Im Garten der Brauteltern stand ein Festzelt, prangte das Buffet. Es gab Reden, Gedichte, Lesungen eigens verfasster Texte, eine Hochzeitszeitung; eine Band spielte; man tanzte bis zum Morgengrauen. Vier Jahre später waren sie geschieden.

Wenige Tage vor der Geburt ihres zweiten Kindes saß ich bei einer Freundin aus dem Geburtsvorbereitungskurs. Ich hatte Pizza mitgebracht. Sie, hochschwanger und mit einem anderthalbjährigen Kind, schaffte es kaum noch, sich vernünftig mit Essen zu versorgen. Ihr Mann, Jurist wie sie, aber längst promoviert und in einer Anwaltskanzlei tätig, war »mit Freunden« in der Kneipe unterwegs. Klar, ein Mann muss auch gelegentlich mit seinen Freunden unterwegs sein, nur vielleicht nicht gerade in dieser Situation. Natürlich glaubte niemand an diese »Freunde«. Zu Recht: Es stellte sich heraus, dass er wenig origineller weise eine Affäre mit einer Rechtsanwaltsgehilfin hatte.

Zwei Wochen nachdem meine Freundin mit ihrem neuen Baby aus dem Krankenhaus gekommen war, zog er aus, zu der anderen Frau.

Ich tobte in tief empfundener Frauensolidarität: »Wie kann er! Trenn dich! Setz ihm die Kinder auf den Schreibtisch und geh, mal sehen, wie viel Spaß die dann noch an ihrer Affäre haben!« Sie hörte sich das alles an, sagte wenig, erzählte nur eines Tages, dass sie ihren Mann dazu überredet habe, gemeinsam eine Eheberatung zu machen. Ich starrte sie an, als ob sie vollkommen den Verstand verloren hätte: Wozu um Himmels willen wollte sie die Ehe mit einem Typen retten, der sie betrogen und mit zwei Kindern sitzen gelassen hatte? Ich konnte es einfach nicht verstehen.

Der Ehetherapeut muss ein fähiger Mensch gewesen sein. Es dauerte lange, aber die beiden begannen wieder, gemeinsam auszugehen. Es gab einen Probeurlaub mit den Kindern. Am Ende verließ er die Rechtsanwaltsgehilfin und zog zurück zu seiner Familie. Kurz darauf fand er eine neue Stelle in Süddeutschland. Dort besuchte ich meine Freundin einmal: Sie hatte ein drittes Kind bekommen, sie hatten ein Haus mit Garten, sie hatten gerade einen Hund gekauft. Sie schienen glücklich.

Wahrscheinlich wird diese Form des Kampfes um einen Partner, dieses zähe Bemühen, Ehe und Familie zu retten, tendenziell seltener – und die Bereitschaft, auch nach einem großen, romantischen Auftakt relativ schnell einen Schlussstrich zu ziehen, nimmt zu. Der Zeitgeschmack scheint auf der Seite der Schnelltrenner zu sein: Sie hatten sich eben geirrt, besser ein Ende mit Schrecken.... Die Geschichte meiner Freundin hingegen klingt selbst in meinen eigenen Ohren ein wenig nach endlosem Schrecken, nach Repression, nach der Leugnung von Leidenschaft und Lust, nach Biermanns Eheknast. Dabei ist wirklich vollkommen offen, wer von allen am Ende seines Lebens glücklicher sein wird.

Aber an das Ende unseres Lebens brauchen wir als moderne Frauen im Zusammenhang mit der Ehe sowieso nicht mehr zu denken. Die äußeren gesellschaftlichen Zwänge, die diese Institution früher zusammenhielten, auch wenn die Leidenschaft oder gar die Liebe daraus verschwunden waren, haben weitgehend aufgehört zu existieren – ebenso wie das reaktionäre deutsche Scheidungsrecht, das Ehefrauen bis zu seiner Liberalisierung im Jahr 1977 in ganz unerträglicher Weise zu Abhängigen ihres Mannes machte. Die Folge war eine große neue Freiheit der Frauen, mit allen dazugehörigen Chancen, sich das Leben nun nicht länger von Männern verpfuschen zu lassen, sondern es sich durch eigene falsche Entscheidungen schwer zu machen.

Wer heute heiratet, weiß, dass »bis dass der Tod euch scheidet« nicht mehr ernst gemeint ist. Kein göttlicher Blitz, keine soziale Ächtung wird uns treffen, wenn es leider anders kommt. Vielleicht sind die eigenen Eltern ein bisschen traurig, aber auf deren Gefühle kann man bei einer so weit reichenden Entscheidung wie einer Trennung ebenso wenig Rücksicht nehmen, wie man zuvor ihre Meinung zum Auserwählten berücksichtigen konnte, wollte oder musste.

Gleichwohl möchte natürlich jede Frau und vermutlich auch jeder Mann das Versprechen der Eheschließungszeremonie ehrlich meinen. Ich glaube nicht, dass auf deutschen Standesämtern und vor den Altären blanker Zynismus regiert. Der Wille ist da, es zu versuchen. Die romantische Liebe, die im ewigen Glück der Ehe endet, mag für viele, wahrscheinlich für die meisten Frauen ein wichtiges Lebensziel bleiben. Niemand – von sehr seltenen Ausnahmen abgesehen – ist wirklich wild auf die »Dating-Hölle«, wie Bridget Jones den Single-Alltag nennt. In dem Film *Harry und Sally* sinkt Sallys Freundin Marie ihrem neuen Freund mit dem Seufzer in die Arme: »Sag mir, dass ich nie mehr da raus muss.«

Es ist keineswegs so, dass die moderne Frau, die selbstbewusst ihren Bildungs- und Berufsweg geht, ein völlig autonomes Selbstbild entwickelt hat, dass sie zu ihrer persönlichen Komplettierung keinen Mann mehr zu brauchen glaubt. Sie braucht ihn, dringend, aber zu ihren Bedingungen. Diese neuen Bedingungen der Frauen haben das Paarungsverhalten verändert und tragen ihren Teil zur langfristigen Nachwuchskrise bei. Viele Frauen sind dank der neuen Freiheit vermutlich glücklicher als ihre Mütter und Großmütter, manche wiederum sind es nicht.

»Familie« und »Ehe« ist nach wie vor ein hoch bewertetes Ziel der meisten Menschen, aber die großen Erwartungen lassen sie zugleich vorsichtig werden. Die Bereitschaft, sich auf einen Ehepartner einzustellen, sinkt selbst dann, wenn man jederzeit wieder gehen könnte. Die Zahl der Eheschließungen in Deutschland hat sich jedenfalls fast halbiert: Von 750 000 Hochzeiten im Jahr 1950 auf 383 000 im Jahr 2003. Während 1971 noch dreiundneunzig Prozent der Frauen und siebenundachtzig Prozent der Männer mindestens einmal im Leben verheiratet waren, galt das 1995 nur noch für dreiundsiebzig bzw. vierundsechzig Prozent.

Von denjenigen, die gegen diesen Trend noch heiraten, trennt sich rund ein Drittel wieder. Im avantgardistischen Milieu der Großstädte wird sogar jede zweite Ehe geschieden. Innerhalb des letzten Jahrzehnts waren fünf Millionen Menschen von Scheidung betroffen; allein 2003 wurden 214 000 Ehen mit insgesamt 170 000 Kindern geschieden.

Die erste Heirat und die erste Geburt haben sich gegenüber den siebziger Jahren um fünf Jahre nach hinten verschoben, auf das Durchschnittsalter von etwa dreißig bei Frauen. Kinder sind nach wie vor der Hauptgrund für eine Ehe. Frauen jedenfalls realisieren ihren Kinderwunsch immer öfter zur Not auch ohne Trauschein: Noch im Jahr 1970 waren fünf Prozent aller Mütter unverheiratet, heute sind es bereits fast zehn Prozent. »Die klassische Familie«, schreibt Stefanie Rosenkranz im Magazin *stern*, »ist für die Gesellschaft ähnlich wie der Videorekorder für die Unterhaltungsindustrie – ein Auslaufmodell.«

Dabei geht die familiensprengende Dynamik ganz eindeutig von den Frauen aus: Fast zwei Drittel aller Scheidungen werden von den Ehefrauen eingereicht. Warum? Sind ihre romantischen Vorstellungen vom Eheglück größer als die der Männer, und ebenso ihre Enttäuschungen? Machen mehr Männer als Frauen in der Ehe eine ungünstige Entwicklung durch? Stellen die Frauen fest, dass seine Wochenendgrillkünste ihr nicht bei der Alltagsorganisation mit zwei Kindern helfen? Betrügen Männer, wären aber durchaus bereit, ihre Hausfrau parallel zur weiterzubeschäftigen – und die Hausfrauen begehren auf? Wir wissen so wenig.

Die männliche Deutung der weiblichen Scheidungsaktivitäten taugt immer mal wieder für eine *Spiegel-*, *stern-* oder *Focus-*Titelgeschichte. Darin erscheint die Ehefrau gern als skrupellose Abzockerin, die ihren ahnungslosen und an ihren Launen vollkommen unschuldigen Mann vor die Tür setzt, ihm die Kinder – die eventuell auch noch von einem anderen Mann und ihm nur untergeschoben sind – entzieht und ihn dann finanziell auspresst wie eine Zitrone. Der Exgatte leidet emotional enorm, kann sich keine neue Familie leisten und gründet vielleicht einen Selbsthilfeverein für geschundene Väter. Männerforscher bescheinigen ihm Gefahren für seine Gesundheit. Aktivisten wie der Münchener Rechtsanwalt Peter Koeppel beklagen, dass noch immer die meisten Familienrichter in Deutschland die Meinung verträten, das Kind gehöre zur Mutter.

Außer dass sie gute Trendgeschichten abgeben – was ist dran an solchen Befunden? Rein statistisch scheinen Männer *vor* einer Trennung an Haushalt und Kindererziehung nicht sonderlich interessiert. Wir erinnern uns: Ganze sechs zusätzliche tägliche Haushaltsminuten opfert ein frischgebackener Vater gegenüber der kinderlosen Zeit. Ist es vielleicht möglich, dass für Männer genau das gilt, was die gerechten Kämpfer für die Vatersache den Frauen vorwerfen: Dass nämlich Männer, aufgeschreckt dadurch, dass sie das Scheitern ihrer Beziehung verschlafen haben, die Kinder instrumentalisieren, um den Kontakt zur Frau zu halten oder gar die Trennung rückgängig zu machen?

Mir jedenfalls scheint die Vermutung unwahrscheinlich, dass Frauen in großer Zahl schon auf spätere Alimente hin heiraten. Es mag einzelne, prominente Sonderfälle geben, die auf finanziell attraktive Männer wie Dieter Bohlen oder Boris Becker ansitzen und später versuchen, aus einer flüchtigen, bedeutungslosen Verbindung Kapital zu schlagen. Für diese stimmt gewiss, was die dreißigjährige Katja Kullmann vor einiger Zeit über unsere noch etwas jüngeren, silikonausgepolsterten Geschlechtsgenossinnen schreibt: »Ich schlafe mit dir, und du musst Alimente zahlen« – eine »pervertierte weibliche Macht« nennt Katja Kullmann das. Recht hat sie, weil das weibliche Selbstbild hinter dieser Haltung so erbärmlich ist. Mit den Männern jedoch, die daran Schaden nehmen, hält sich mein Mitleid in Grenzen: Sie hatten ja wohl auch keine faire, gleichberechtigte, gleichaltrige Partnerin gesucht.

Ernsthaft diskussionswürdig ist am Unterhaltsrecht allein die Frage, wie lange der besser verdienende Partner – immer noch, in aller Regel, der Mann – für die Expartnerin aufkommen soll. Das alte Fürsorgebild der nachehelichen Solidarität wird tatsächlich fadenscheinig, wenn gar keine Kinder zu versorgen sind, wenn die Frau vielleicht selbst gegangen ist, heimlich schon einen neuen Partner hat und durchaus arbeiten könnte. Daher wäre es wohl vernünftig, die Solidaritätsphase zeitlich zu begrenzen und irgendwann wieder auf Eigenverantwortung zu setzen. Hausfrau mit Kindern ist ein Beruf, aber Exgattin ist keiner.

Die »Mehr Eigenverantwortung«-Diskussion zugunsten der Väter bedeutet in letzter Konsequenz allerdings ein weiteres Hemmnis für Frauen, sich überhaupt für Kinder zu entscheiden – müsste doch heute jede Frau vernünftigerweise von einem möglichen Scheitern ihrer Ehe ausgehen und sich selbst gedanklich auf eine extrem harte Alleinerziehendenexistenz mit Kind und Beruf einstellen. Eine Werbeveranstaltung für Kinder wäre das nicht. Wer bei Sinnen wäre, bliebe flexible, ungebundene Dschungelkämpferin.

Das Gejammer der Männer wegen der existenzvernichtenden Unterhaltszahlungen trägt sowieso kuriose Züge: Zwei Drittel der Frauen mit einem Unterhaltsanspruch gegen ihren Exehemann erhalten ihr Geld entweder gar nicht oder nur unregelmäßig. Sechshundertachtzig Millionen Euro im Jahr zahlt ersatzweise der Staat – also der Steuerzahler – den betroffenen Frauen als »Unterhaltsvorschuss«. Trennung bedeutet vor allem einen Einkommenseinbruch für Frauen, schreibt der Kölner Soziologe Hans-Jürgen Andreß. Aus den Daten des sozioökonomischen Panels (1984–1999) ergibt sich nach der Scheidung ein Einkommensverlust von fast dreißig Prozent für die Frauen, im Gegensatz zu nur zehn Prozent für ihre Männer.

Ist den Betroffenen die ökonomische Scheidungskatastrophe im Moment der Krise egal? Eigentlich ist doch alles bekannt: Zwei Haushalte sind viel teurer zu führen als einer; das Ehegattensplitting fällt weg; Unterhaltszahlungen sind steuerlich nicht absetzbar. Wenigstens theoretisch müssten Frauen die schlechte Zahlungsmoral vieler Männer kennen und ahnen, wer am Ende finanziell schlechter dasteht. Trotzdem sind sie es, die mit dieser eindrucksvollen Zweidrittelmehrheit die Trennungen auf den Weg bringen.

Es mag sein, dass ein bestimmtes Segment der Frauen, schlecht ausgebildet und kaum in der Lage, für sich selbst zu sorgen, in *dieser* Frage auf ambivalente Weise von der Frauenbewegung profitiert hat: Sie dürften es heute moralisch leichter haben, sich aus gewalttätigen Beziehungen zu befreien, und das ist unbestreitbar ein Gewinn. Nur scheint die einmal gemachte schlechte Erfahrung viele dieser Frauen nicht davor zu bewahren, sich sofort mit dem nächsten Schläger oder Säufer einzulassen.

Wenn es in diesen schwierigen Verhältnissen ein ökonomisches Kalkül gibt, so zielt es eher auf die staatlichen Transferleistungen für Kinder, als dass die trennungsbereiten Frauen besonders auf Alimentierung durch ihre Exehemänner spekulieren würden. Sie wissen vermutlich, dass dort im Allgemeinen nicht viel zu holen ist. In England nennt man die Frauen, die mit vielen Kindern, oft von verschiedenen Vätern, von der Sozialhilfe leben, unfreundlich *welfare mums*. Ich halte das für eine problematische Zuspitzung, weil sie unterstellt, die Betroffenen würden diese Lebensform geradezu suchen, um nicht arbeiten zu müssen und um vom Staat und nicht von den Männern finanziert zu werden. Das dürfte in den wenigsten Fällen so sein. Richtig ist aber, dass es heute Milieus gibt, in denen Sozialhilfebezug die normale Einkommensform darstellt – was die jeweils nächste Generation zu Hause beobachtet und dann für sich selbst ebenfalls als natürlich empfindet. Nicht zuletzt aus diesem Grund setzte die rot-grüne Bundesregierung weniger auf Geldleistungen, um solche Familien zu fördern, und mehr auf Hilfe zur Selbständigkeit, also Ausbildung und Kinderbetreuung, mit all den Problemen, die die Vereinbarkeit von Job und Kindererziehung mit sich bringt.

Fast zwei Millionen Alleinerziehende gibt es in Deutschland, über achtzig Prozent von ihnen sind Frauen. Mehr als ein Viertel bezieht Sozialhilfe; der Staat gibt damit ein gutes Drittel des gesamten Sozialhilfeetats für alleinerziehende Mütter mit Kindern aus. Das ist ein Beleg für das ökonomische Risiko der Trennung und für ein gewisses Grundvertrauen in den Sozialstaat, aber gewiss nicht für die Entschlossenheit der betroffenen Frauen, ihre Männer finanziell auszunehmen.

Um einem gewalttätigen Ehemann zu entgehen, ist Trennung oft der einzige Weg. Gleichwohl gibt es auch Ansätze zu einer Ideologie, die sich aus der feministischen Theorie speist und das Alleinerziehendenmodell für der Normalfamilie überlegen hält. Da kommt man doch – angesichts der finanziellen Probleme und der Tatsache, dass eine Trennung für alle Beteiligten, besonders für Kinder, auch psychisch nicht folgenlos bleibt – ein wenig ins Grübeln: »Jede fünfte Familie in Deutschland ist eine Einelternfamilie«, heißt es in einer Broschüre des Verbands alleinerziehender Mütter und Väter,

»rund zwei Millionen Alleinerziehende leben mit knapp drei Millionen Kindern in dieser Lebensform.... Die Zahlen zeigen, dass die Einelternfamilie eine Familienform unter anderen geworden ist. Sie hat sich in Deutschland und anderen Industrienationen neben der traditionellen Kernfamilie etabliert....« Betont werden laut dieser Broschüre die »Stärken und Ressourcen« dieser Lebensform; es sei bekannt, dass die Kinder aus solchen Familien besonders selbständig und verantwortungsbereit seien, dass ihr Verhältnis zu den Eltern besonders innig und das Organisationstalent der Mütter erheblich sei.

Sicherlich stehen Alleinerziehendenverbandsfunktionäre unter erheblichem Rechtfertigungsdruck, aber das klingt doch wie Schönfärberei und wie Propaganda: Weil die Trennungsentscheidung getroffen ist, muss sie auch gut, muss ihr Ergebnis sogar besser als der vorherige Zustand sein. Dieses Denken ist viel weiter verbreitet als die vielfach für reaktionär gehaltene Vorstellung, dass Eltern vielleicht der Kinder wegen zusammenbleiben sollten, auch wenn in einer Beziehung Schwierigkeiten auftreten. Diejenigen, die es sich am wenigsten leisten können, ökonomische Bedenken gegen Scheidung und Trennung völlig außer Acht zu lassen, gehen das größte Risiko ein, wenn sie sich leichtfertig, aus nicht wirklich gravierenden Gründen, trennen.

Es gibt Frauen, die ohne großes Nachdenken und Nachrechnen in Beziehungen hinein- und wieder hinausschlittern – wie alle anderen auf der Suche nach romantischer Liebe und möglichst lang andauerndem Glück, aber ohne konkrete Vorstellungen davon, wie sie sich dieses Glück organisieren können. Und dann gibt es die anderen: die »Ordentlichen«, die denken und rechnen können, die gut ausgebildet und in der Lage sind, für sich selbst zu sorgen, die warten können und Bedürfnisse aufschieben, bis alles so ist, wie es sein soll. Nach der großen Liebe suchen sie wie alle anderen, aber vorsichtshalber wird nicht gleich geheiratet. Man muss sich schließlich sicher sein, dass das, was man abschließt, wirklich der beste mögliche Deal ist: der am besten aussehende und gebildetste, der charmanteste und sportlichste, der zärtlichste und bestverdienende Mann, den man kriegen konnte. Dieser Optimierungswahn erklärt den Rückgang der Eheschließungen zu einem guten Teil. Die Recherche nach dem Mann fürs Leben soll wirklich abgeschlossen sein, bevor die Ringe getauscht werden. Trotzdem können natürlich Fehler passieren, und deshalb sehen sich besonders die modernen, befreiten Frauen irgendwann zu einer ungünstigen Bilanzierung gezwungen: Die Kosten ihrer Ehe übersteigen den Nutzen. Dann muss ausgewechselt werden. Betrachten wir die privilegierten Frauen, ist es wirklich nicht besonders erstaunlich, dass die Trennungsbewegung zu zwei Dritteln von den weiblichen Angehörigen der akademischen Avantgarde ausgeht. Sie haben in den letzten dreißig Jahren durch Fleiß, Selbstdisziplin und ein bisschen Mut fast alles erreichen können, was sie haben wollten; auch die Positionen in den Vorstandsetagen sind nur noch eine Frage der Zeit. Da scheint es nahe liegend, dass die Frauen sich auch für die Gestaltung der perfekten Partnerschaft verantwortlich fühlen und frei genug, die richtige Wahl zu treffen.

Doch die Illusion, der Traum von der fehlerlosen Beziehung führt dazu, dass probiert und probiert wird, bis es zu spät ist für Kinder, bis man selbst gar nicht mehr in der Lage ist, seine kleinen exzentrischen Angewohnheiten und Schrullen in einer Beziehung zurückzunehmen, und bis alle »brauchbaren« Männer vom Markt sind. Diese Sehnsucht nach »Produktperfektion« kleidet sich immer noch in das Gewand der Romantik, und das nicht nur in den kulturellen Erzeugnissen des Frauentrashs. Auch Männerpublikationen wie *Men's Health* beschwören, passenderweise in einer Anleitung zum reibungslosen Seitensprung, noch einmal die große Liebe: »Klar, dass das auch schief gehen kann«, heißt es dort. »Dann nämlich, wenn aus einem Seitensprung Liebe wird. Das große Gefühl, das andere. Das müssen Sie dann für sich akzeptieren, das dürfen Sie nicht klein reden....« Und so kann, wen wundert es, selbst der optimal geplante harmlose Seitensprung doch wieder ein Trennungsgrund werden.

Während ich meinen Heldinnen der Frauenavantgarde, wenn sie denn den richtigen Partner gefunden haben, in Fragen der Kinderplanung zu etwas mehr Unordnung raten würde, empfiehlt sich für die Partnerwahl vielleicht doch etwas mehr Rationalität. Es sieht so aus, als ob die jungen Frauen, trotz aller verinnerlichten Frauenbewegtheit und aller postmodernen Ironie, dabei nur im kapitalistischen Teil – permanentes Ausprobieren – rational vorgehen, im emotionalen Teil – romantische Idealvorstellungen – aber noch lange nicht.

Die Verfahren der Partnersuche entsprechen immer mehr denen des Einkaufs, der Warenbegutachtung. Neben die klassischen Jagdgründe »Arbeit« und »Sport« sind Singlepartys getreten; Blind-Dinner-Abende, bei denen Singles gemeinsam mit Unbekannten speisen; Single-Weinproben, Single-Reisen und natürlich das Internet, das die klassische Kontaktanzeige weitgehend abgelöst hat. In gewisser Hinsicht ist diese Organisation eines virtuellen Heiratsmarktes unausweichlich: Wer zehn, elf Stunden im Büro zubringt, permanent auf Dienstreise ist oder für einen neuen Job umziehen muss, dem bleibt nicht genügend Zeit für die eher traditionelle Beziehungsanbahnung, etwa durch gemeinsames Singen im Kirchenchor.

Und ein wenig kommt auch der Charme des Unverbindlichen dazu, des Ausprobierens eben. Von der Enge einer Dorf- oder Bürogemeinschaft, in der man »früher« einen Partner zu finden hatte, ist man plötzlich entlassen in eine weltgroße *Mall* des Partnershoppings. Rund zweitausendfünfhundert Singlebörsen gibt es im Internet, tausendachthundet Dating-Portale und tausend Partnervermittler bieten ihre deutschsprachigen Dienste online an. Fünf Millionen hoffnungsvolle Nutzer machen die Sache zu einem Millionengeschäft. Männer sind dabei in der Überzahl – die Frauen, denen dieser Weg nicht zu technisch ist, müssen eigentlich nur aussuchen.

Bei einer Kollegin erlebte ich, wie dieser unbegrenzte Markt zu einer Art Obsession wurde, und zwar gerade, weil sie nicht rational nach einem in Frage kommenden Partner suchte, sondern weil sie auf einmal unendliche Möglichkeiten zur Stillung ihrer romantischen Bedürfnisse zu haben glaubte. Sie ließ sich auf die Chats mit potenziell Interessierten ein, als säße sie echten Menschen gegenüber und nicht deren werbendem Selbstbild. Sie entwickelte aufrichtige Gefühle – Verliebtheit, Verzweiflung, Anfälle von Beleidigtsein – für die ihr gegenübertretenden Texte. Am Schluss war sie nur schwer davon zu überzeugen, dass ihre Chatpartner auch gackernde Teenager oder gruselige Perverse sein könnten.

Das ist ein Beispiel dafür, wie der neue Partnermarkt zur Gefahr, zum Suchtmittel werden kann. Doch eigentlich müsste das Eingeständnis, dass eine wachsende Zahl von Menschen es ablehnt, die Partnersuche dem Zufall oder dem Schicksal zu überlassen, auch Möglichkeiten bieten. Wenn es nicht mehr als unsportlich gilt, den Mann fürs Leben *nicht* in freier Wildbahn aufgegriffen, sondern ein Treffen systematisch herbeigeführt zu haben, müsste man doch auch ohne Reue an den Faktoren arbeiten können, die eine Partnerschaft voraussichtlich erfolgreich machen. Wenn das Verfahren nicht mehr romantisch ist, könnten doch auch die Erwartungen vernünftiger werden. Vielleicht wäre die Antwort auf Scheidungsrekorde, Geburtenkrise und flächenbrandartige Einsamkeit tatsächlich eine neue Version der arrangierten Ehe.

Für eine solche Vorgehensweise plädiert der amerikanische Psychologe Robert Epstein, Mitarbeiter der Zeitschrift *Psychology Today*. Immerhin sei es das Ergebnis vergleichender Langzeitstudien zwischen in traditioneller Weise arrangierten indischen und westlichen »romantischen« Ehen, dass die arrangierten Ehen zwar weniger glücklich begännen, dass aber nach fünf Jahren die Zufriedenheit der Partner die der »Romantiker« übersteige. Man könne durchaus lernen, einander zu lieben, schreibt Epstein.

Die indisch-amerikanische Pulitzerpreisträgerin Jhumpa Lahiri hat in ihrer Kurzgeschichte *The third and final continent* die Entwicklung eines solchen Arrangements geschildert: Der indische Ich-Erzähler studiert zunächst an der London School of Economics und geht dann ans MIT nach Boston, doch sein westlicher Studiengang und seine westliche Lebensweise hindern seinen älteren Bruder nicht daran, den Sechsunddreißigjährigen endlich zu verheiraten – mit Mala, einer siebenundzwanzigjährigen Lehrertochter, die er nicht einmal kennt. »Ich nahm den Vorschlag weder mit Widerwillen noch mit Begeisterung auf«, so der Erzähler, »es war eine Pflicht, deren Erfüllung von mir erwartet wurde, wie von jedem Mann.« Keine Pflicht, die er zunächst sehr liebevoll erfüllt: Ihm, der erst seit kurzem in Amerika lebt, ist seine Frau ebenso fremd wie dieser neue, der dritte Kontinent. Er tröstet Mala nicht, wenn sie jeden Abend aus Sehnsucht nach ihren Eltern weint. Doch

Lahiri erzählt mit großer Wärme davon, wie die Freundlichkeit zwischen den beiden wächst und auf die Verzweiflung Liebe folgt. Eine umgekehrte Liebesgeschichte, vollkommen ungewohnt für uns, die wir uns die Ehe nur als die Folge von Liebe vorstellen können, nicht als ihre Voraussetzung.

Es gibt wohl kein Zurück zu solchen traditionellen Modellen, die ja auch durchaus ihren Preis und ihr Risiko haben, mindestens den Kummer und die Fremdheit am Anfang. Und man muss auch bezweifeln, dass solche Arrangements funktionieren, wenn nicht enormer sozialer Druck sie zusammenhält – oder die gemeinsame Verlorenheit der Eheleute in einer neuen Welt. Doch vielleicht gibt es ein Vorwärts, welches das dysfunktional gewordene Bild der romantischen Liebe überwindet. Das wäre ein noch unerreichtes Ziel für die Frauenbewegung. Vielleicht finden wir eine Sprache, die sexuelle Anziehung und Lust als solche identifiziert und beim Namen nennt und sie in ein gewichtetes Verhältnis setzen kann zu den anderen Faktoren, die eine Beziehung langfristig schön, glücklich und haltbar machen.

Die an den kurzfristigen Zyklen der ersten Lust auf einen neuen Sexualpartner orientierte Beziehungskultur macht jedenfalls weder die Individuen glücklich, noch stabilisiert sie die Gesellschaft oder sichert gar deren Fortbestand. Und die »Romantik«, die heute noch die Partnersuche vor allem der Frauen prägt, ist nicht viel mehr als ein Aufruf zur Unvernunft. »Frauen haben Schwierigkeiten, das zu akzeptieren«, schreiben die beiden österreichischen Soziologinnen Cheryl Benard und Edit Schlaffer schon 1990 in ihrem Buch *Laßt endlich die Männer in Ruhe*, »denn auf Gefühle kommt es doch an, oder? Abschätzig sprechen Frauen von einer ›Vernunftheirat‹ im Gegensatz zu einer ›Liebesheirat‹, was zu der fatalen Folgerung führt, eine Ehe sei dann als besonders liebevoll zu bezeichnen, wenn es dort besonders unvernünftig zugeht.«

Um stabile, zufrieden stellende Partnerschaften zu erreichen, raten Cheryl Benard und Edit Schlaffer – auf der Grundlage umfangreicher Paarbefragungen, deren Protokolle immer noch sehr lesenswert sind – zunächst einmal dazu, das, was der potenzielle Partner zu Beginn einer Beziehung sagt, tatsächlich ernst zu nehmen. Das heißt: keinen bekennenden Macho zu heiraten, wenn man die Hausarbeiten teilen möchte; keinen Polygamisten zu nehmen, wenn man zu Eifersucht neigt; keinen Kinderhasser zu wählen, wenn man sich Familie wünscht; und unter gar keinen Umständen etwas mit einem Schläger anzufangen. Interessanterweise finden sich viele von Benards und Schlaffers Beispielen für »gelungene« Beziehungen unter der Überschrift »Vernunft statt Liebe – Zur Orientalisierung der Ehe«: »Orientalisierung« steht hier für vernunftorientierten vorehelichen Interessenabgleich.

Wir haben die Bildungsbotschaft der Frauenbewegung mehr als gut verstanden, die Karrierebotschaft auch, den Politisierungsauftrag weniger, den Aufruf, eine neue, der »Herrenkultur« und der »Dummchenkultur« entgegengesetzte Frauenkultur zu schaffen allerdings gar nicht. Den individuellen Emanzipationsauftrag erfüllen wir insoweit, als wir uns von Männern nicht mehr leicht unterdrücken lassen und sehr gern bereit sind, das »Modell« zu wechseln, wenn wir unzufrieden werden. Aber suchen wir wirklich den partnerschaftlichen Typ Mann? Den, der uns intellektuell ernst nimmt? Der bereit ist, genau so viel für die Kinder zu tun, die wir doch irgendwann, irgendwie auch wollen? Der uns nicht notwendig beruflich überragt? Ich glaube nicht. Ich glaube, wir hängen in anachronistischer Weise an einem »romantischen« Männerbild, an der Sehnsucht nach einer Liebe, die uns umwirft, überrollt, fortreißt und für deren Einfluss auf unser Schicksal wir nichts können. Diese Haltung aber steht im Widerspruch zu allem, worum wir uns sonst so eifrig bemühen, und sie zeitigt – siehe Scheidungszahlen, siehe Kindermangel – keine Ergebnisse, die uns und der Gesellschaft gefallen können. Warum geben wir nicht endlich zu, dass die Methoden unserer Partnersuche schon sehr viel moderner sind als ihre Gegenstände, und aktualisieren die Romantik-Software?

Es ist kein Geheimnis, welche Faktoren eine Beziehung wahrscheinlich erfolgreich machen. Der Mannheimer Soziologe Hartmut Esser spricht vom »gedanklichen und emotionalen Rahmen« einer Ehe, der stimmen müsse, um ihr Stabilität zu verleihen, und entkräftet dankenswerterweise auch den hier wie überall lauernden Spießigkeitsverdacht: Nach Essers Untersuchungen sind die »fest gerahmten« Ehen glücklicher als die »lose gerahmten« – also keine Eheknäste, sondern eher eine Basis, um gemeinsam zu wachsen und sich zusammen den Widrigkeiten des Lebens zu stellen. Aber was macht nun den »Rahmen« aus? Da ist natürlich, als stärkster Faktor, der gemeinsame Glaube, die Religion; freilich nimmt Religiosität in der Gesellschaft ab. Doch auch ein ähnlicher Geschmack und gemeinsame Werte stabilisieren eine Beziehung, guter Sex, ein Freundeskreis, Kinder und gemeinsames Wohneigentum. Wenn die Eltern der Partner selbst nicht geschieden sind, wirken ihr Vorbild und ihre befürchtete Missbilligung offenbar als Scheidungshemmnis; die Meinung der Eltern verliert hingegen ihr moralisches Druckpotenzial, wenn diese selbst getrennt leben. Wer im ländlichen Raum wohnt, hat ein geringeres Scheidungsrisiko als ein Großstädter; und offenbar hilft es, wenn beide Partner etwa gleich gebildet sind, den gleichen sozialen Hintergrund haben und ähnlich alt sind.

All dies können Frauen wissen, wenn sie sich einen Partner aussuchen. Wenn die klugen, gut ausgebildeten, trendsetzungsfähigen Frauen sich von vornherein für Männer entscheiden, die nach diesen Merkmalen zu ihnen passen, dann würde sich die Realität ändern und damit auch das Bild der Realität, das kulturelle Vorbild. Dann könnten Frauen über Bedingungen verhandeln, zu denen es möglich ist, Mutter und zugleich ein nach außen gewandter, beruflich engagierter, politisch interessierter Mensch zu sein. Nur einen supertollen Macho bekommen sie dann vielleicht nicht. Aber vielleicht freut es sie ja, wenn sie immerhin folgendes Dilemma auflösen, das Jürgen Dorbritz vom Bundesinstitut für Bevölkerungsforschung beschreibt: dass nämlich die Deutschen die rückläufige Geburtenentwicklung für den negativsten gesellschaftlichen Trend überhaupt halten – und die hohe Scheidungsrate für den zweitschlechtesten.

# DIE HUNDERTJÄHRIGE FRAU

*Jugendkult · Lebenserwartung · Warum sterben Männer? · Christa Wolf · Margaret Forster · Alter als schwindende Jugendlichkeit · Weiblichkeit gleich junger Körper · Was das Herz begehrt · Hundert Jahre*

Das moderne Frauenbild zeigt eine selbstbewusste, disziplinierte Frau, die ihre Chancen auf dem Arbeitsmarkt kennt und danach trachtet, sie zu optimieren; die nach dem perfekten Partner sucht, dabei allerdings oft erstaunlich weibchenhaft auftritt, während sie ihren Intellekt eher verleugnet oder vernachlässigt; eine Frau, die die Kinderfrage immer wieder verschiebt, um erst andere Aufgaben in ihrem Leben zu lösen; die nicht durch Quoten oder Frauenförderpläne unterstützt werden möchte, weil sie es für möglich hält, alles allein zu schaffen; die mit anderen Frauen höchstens eine Stammtischsolidarität verbindet, aber keine politische. Und selbstverständlich ist sie eine junge Frau.

Allen gut gemeinten Bemühungen des öffentlich-rechtlichen Fernsehens zum Trotz, das gelegentlich eine gut aussehende Kommissarin über fünfzig am Tatort ermitteln lässt, blicken uns aus dem Bildschirm und von der Kinoleinwand, aus den Illustrierten und von Litfaßsäulen fast nur junge Frauengesichter entgegen. Zum Altern von Frauen hatte der Feminismus nicht viel zu sagen, und der Frauenbericht der Bundesregierung beschränkt sich bei dem Thema auf Berechnungsmodelle für die reformierte Witwenrente und ermutigende Beispiele für das ehrenamtliche Engagement von Seniorinnen.

Dabei hätten Frauen, gerade die Töchter der Frauenbewegung, die gelernt haben, ihren Berufsweg mit Erfolg zu planen, jeden Grund, sich gedanklich mit der Frage ihres langen, langen Alters zu beschäftigen. Eine Frau, die heute geboren wird, hat sehr gute Chancen, hundert Jahre alt zu werden, sagt James W. Vaupel, vom Max-Planck-Institut für demografische Forschung in Rostock. Mit jedem Lebensjahrzehnt, das sie heil übersteht, steigt die Lebenserwartung einer Frau um zweieinhalb Jahre. Frauen werden bei uns zurzeit deutlich älter als achtzig, im Jahr 2050 könnten es nach Vaupels Berechnungen mehr als zweiundneunzig Jahre sein. Wer heute sechzig Jahre alt ist, kann bereits erwarten, vierundachtzig zu werden. Die kürzere Lebenserwartung der Männer, kombiniert mit der grundsätzlichen Neigung der Frauen, ältere Partner zu heiraten, führt dazu, dass das Alter immer weiblicher wird: Ist bei den Sechzig- bis Vierundsechzigjährigen das Geschlechterverhältnis noch ausgeglichen, so sind zwei Drittel der Fünfundsiebzig- bis Neunundsiebzigjährigen und drei Viertel der über Achtzigjährigen Frauen. Mehr als achtzig Prozent der Single-Haushalte von über Fünfundsechzigjährigen sind Frauenhaushalte.

Warum Männer in Deutschland im Schnitt sechs Jahre früher sterben als Frauen, ist wissenschaftlich nicht abschließend geklärt. Sind sie genetisch so programmiert, oder kostet ihr riskanter Lebensstil sie Lebenszeit? Bringen Alkoholkonsum, Rauchen, Stress im Beruf, Extremsportarten und rücksichtsloses Autofahren sie früher ins Grab als die vorsichtigeren Frauen? Es gibt Hinweise darauf: So verglich das Bundesinstitut für Bevölkerungsforschung die Lebensläufe von Nonnen, weltlichen Frauen, Mönchen und »Normalmännern«. Fazit: Die Mönche wurden beinahe genauso alt wie die weltlichen und die Klosterfrauen. Allein die weltlichen Männer ruinierten ihre Gesundheit deutlich früher.

Aber wo sind sie, die vielen alten Frauen? Was ist ihre Rolle in unserer Gesellschaft? Sind sie einsam? Haben sie einen Lebensentwurf für die Zeit, da ihre eigenen Eltern und Geschwister tot sind, ihr Mann gestorben ist und es Kinder vielleicht nie gab? Kommen sie zurecht? Werden sie Freundeskreis-Netzwerke organisieren wie die fünfunddreißigjährigen Singles? Wenn ja: Muss das mit achtzig nicht schwieriger sein als mit fünfunddreißig? Kurz: Haben sie kulturell, menschlich und mental vorgesorgt für ihr autonomes Alter? Tun *wir* es? Für uns – noch – Jüngere verschwinden alte Menschen, besonders aber alte Frauen, aus dem Blickfeld, spätestens, sobald sie die Arbeitswelt verlassen. Wir wollen sie auch nicht sehen. Solange diese Gesellschaft Frauen trotz aller Bildungserrungenschaften vor allem nach der Qualität ihres Körpers beurteilt, sind Alte nur Vorboten des Jammers: So werden wir aussehen in zwanzig, dreißig Jahren, keine Schönheitschirurgie wird daran etwas ändern, kein Botox, kein Sport, keine noch so gesunde Ernährung. Wenn wir die Gleichsetzung von Weiblichkeit und Körper nicht irgendwie überwinden können, werden wir Frauen einen großen Teil unseres Lebens im missachteten Jenseits hinter dem gültigen weiblichen Rollenbild verbringen.

Wer dazu – wie ich – keine Lust hat, dem stellt sich also die Frage, wie dieses Rollenbild auf alle Phasen eines ganzen Frauenlebens ausgedehnt werden kann – auf das Niveau der hundertjährigen Frau. Dazu gehört, wieder einmal, an erster Stelle eine andere Kultur. Einer meiner Vorschläge zur Lösung der frauenbiografischen und demografischen Probleme dieses Landes ist die Forderung nach anderer Literatur, nach anderen

Leitbildern. Wir brauchen Bücher, Serien, eine adäquate »kulturelle Repräsentanz« des Alters, wie *ZEIT*-Autor Wolfgang Pauser es nennt.

Ein wenig davon findet sich in Christa Wolfs *Ein Tag im Jahr*, einem Tagebuchprojekt, in dem sie von 1960 bis zum Jahr 2000 jeden 27. September beschrieben hat. In diesen Aufzeichnungen ist das Altern nur eine Randerscheinung, es begleitet den Tagesablauf und das Leben einer erfolgreichen Autorin, einer politischen Persönlichkeit, einer Mutter und Großmutter. Meist ist das Altern lästig, in Form von Gelenkschmerzen und anderen gesundheitlichen Beschwerden; eine größere Gelassenheit, eine Altersmilde merkt man Christa Wolf höchstens andeutungsweise an. In einem erfüllten Leben bedeutet das Altern lediglich eine sich verändernde Rahmenbedingung, es nimmt der Persönlichkeit nichts.

Im Gegensatz dazu beschreibt die britische Autorin Margaret Forster in ihrem fiktiven Tagebuch einer »gewöhnlichen Frau« *(Diary of an Ordinary Woman)* den Lebensweg von Millicent King, der sich über fast das gesamte 20. Jahrhundert spannt. Hier wird deutlich, wie sehr das Alter zur Last werden kann, wenn sowohl Mann als auch Kinder, als auch äußere Aufgaben fehlen: Kinder hat Millicent nie gehabt, ihr Verlobter ist im Zweiten Weltkrieg in einem japanischen Kriegsgefangenenlager hingerichtet worden, und für Politik hat sie sich wie die Mehrheit ihrer Frauengeneration nie interessiert. Auch ihr Beruf, Grundschullehrerin, ist ihr kaum je besonders sinnstiftend vorgekommen. Diese Beschreibung des Alterns ist quälend: Es ist einfach ein Prozess, der zerstört, was Millicent wichtig gewesen ist – ihr Aussehen, ihre Ausstrahlung, ihren Körper. Am Ende bleibt der »gewöhnlichen Frau« zu wenig Eigenes, um glücklich zu sein. Ihre Liebe zur Literatur stellt für

Millicent keinen Ausweg dar. Forster hat mit diesem fiktiven Tagebuch das deprimierende Bild einer ganzen Frauengeneration gezeichnet.

Das war früher. Müssen wir heute nicht alles daransetzen, anders zu altern? So wie die Kinderfrage sich den Frauen anböte, um ein kollektives Bewusstsein zu entwickeln und Forderungen zu stellen, so wäre das Erlebnis des Alterns für die Frauen ein Grund, sich zu solidarisieren. Man wird ja ohnehin etliche Jahre unter sich sein, die Kinderlosen mehr noch als die mit Familie. Doch neben der Tatsache, dass Frauen sich mit der Solidarität so schwer tun – auch beruflich konkurrieren wir doch lieber mit ähnlich erfolgreichen Geschlechtsgenossinnen, als uns über die Bevorzugung gänzlich inkompetenter männlicher Kollegen zu ärgern –, ist eben auch das Alter keine besonders attraktive Aufschrift für ein Banner, um das sich Mitglieder einer neuen Bewegung scharen könnten. »Jung ist man kollektiv, alt wird man individuell«, schreibt Wolfgang Pauser. »Jung ist man in guter Gesellschaft, alt wird man allein. Jungsein ist ein permanent zu pflegendes Image, auf dem Arbeitswie auf dem Liebesmarkt.«

Auch Pauser kommt zu dem Schluss, dass das Altern besonders schwer fällt, wenn der Gesellschaft eine Vorstellung von Erwachsenheit fehlt. Die aber ist mit der steigenden Zahl von Kinderlosen und der Dominanz der Singlekultur definitiv in den Hintergrund gedrängt worden. Der Autor beschreibt einen Abend auf einer Party – bei diesem Anlass wird ihm klar, wie selten er in den letzten Jahren zu einer Party eingeladen worden ist, sicher ein Zeichen des Alters –, auf der ihm lauter unglaublich junge, gut aussehende Menschen seines Jahrgangs begegnen, die heftig dagegen anfeiern, dass jemand die zarten Fältchen um ihre Augen bemerkt. »An diesem Abend fiel mir auf, dass ein Typus Mensch, den es während meiner ersten Jugend noch gegeben hat, während meiner zweiten Jugend abhanden gekommen ist: der Erwachsene. Die Dorian-Gray-Gesellschaft hat ihn zum Verschwinden gebracht.... Der Erwachsene war einst ein Mensch zwischen fünfundzwanzig und fünfundsechzig, auf dessen Selbst- und Fremdbild (als Krawattenbürger oder Gattin) der Alterungsprozess nur wenig Einfluss hatte.«

Solange Menschen den größten Teil ihres Lebens in einer Ehe, einem Beruf und an einem Wohnort verbracht hätten, sei auch das »soziale Alter« über die Jahre konstant geblieben, schreibt Pauser. Die Jugend habe nur die Funktion einer Vorbereitungszeit gehabt, danach kam die lange Phase des Erwachsenseins, und dann das Alter, das Danach. Dieses Danach übrigens mag erträglicher gewesen sein in einer Zeit, als die Jungen die Erfahrungen der Älteren schätzten.

Hinsichtlich der dominierenden Alterskonzeption habe sie in ihrem Leben wirklich Pech gehabt, hat *ZEIT*-Herausgeberin Marion Gräfin Dönhoff einmal geschrieben: »Als ich jung war, wurden die Alten geehrt – die Jungen galten nichts, die sollten erst einmal das Leben kennen lernen. ... Heute ist dagegen Jugend Trumpf, und Alter gilt nichts.« Nicht, dass die Gräfin nicht bis ins höchste Alter viel gegolten hätte im öffentlichen Leben der Bundesrepublik. Aber um diese Bedeutung zu erreichen, musste sie die außergewöhnliche, die wirklich große alte Dame sein, die sie war. Ein Vorbild, aber kein Beispiel für gesellschaftliche Normalität. Gleichwohl, die Bemerkung sei mir gestattet: Wenn junge Frauen ihr nacheifern würden, wäre auch schon einiges gewonnen.

Heute gebe es diese dreiwertige Aufteilung des Lebens nicht

länger, schreibt Pauser, sondern nur noch die Kategorien »jung« oder »alt«, wobei Alter als »nachlassende Jugendlichkeit« erscheine. Das ist auch nahe liegend, wenn von jedem Menschen erwartet wird, immer wieder neu anzufangen: Jobsuche mit vierzig, Partnersuche mit sechzig, immer auf dem neuesten Stand, nie müde oder erschöpft, stets flexibel. Unter solchen Bedingungen werde das Altern zu einem Aspekt des Daseins, für den der »jugendpflichtige moderne Mensch« sich schäme, und gegen das er mit Sport, gesunder Ernährung und Kosmetik ankämpfe.

Diese Beobachtung ist vollkommen richtig, und natürlich gilt sie besonders für Frauen. Denn anders als bei Männern ist bei Frauen der sexuelle Erfolg, über den sie sich immer noch ähnlich stark definieren wie über den beruflichen, an den Zustand des Körpers, an das Aussehen geknüpft. Bei einem Mann sind Falten und Bauch durch Macht, Geld und zum Teil sogar Selbstbewusstsein zu kompensieren, bei einer Frau in aller Regel nicht. Mit großer Selbstverständlichkeit schreibt die Anfangdreißigerin Katja Kullmann in *Generation Ally*: »Unsere Mütter lernten in ihrem ganzen Leben vermutlich keinen einzigen Schönheitschirurgen kennen, und inzwischen sind sie über fünfundvierzig, ergo jenseits der Attraktivitätsgrenze, und müssen sich damit nicht mehr groß herumschlagen.« Welche Nonchalance! Dass Männer Frauen häufig so wahrnehmen – nämlich mit Verfallsdatum –, ist schlimm genug und vermutlich nur über Generationen und in dem Maße zu ändern, in dem Frauen wirklich interessante gesellschaftliche Machtpositionen erobern. Wenn überhaupt. Aber dass Frauen selbst diese Zuschreibungen so widerstandslos mitmachen, verschärft die Situation.

Sicher, es gibt dieses jugendliche Machtgefühl, wenn eine

junge Frau einen älteren Mann beeindrucken kann und er sie den Frauen in seinem eigenen Alter vorzieht. Junge Frauen können unglaublich grausam sein und unglaublich unsolidarisch. Das freilich ändert sich sofort, wenn eine Frau selbst einmal wegen einer Jüngeren verlassen worden ist – oder Angst davor hat.

Ist es von Dreißigjährigen zu viel verlangt, dass sie sich diese Situation vorstellen können und deshalb erstens ältere Frauen nicht verletzen und zweitens an ihrem eigenen Charakter und Intellekt arbeiten für die Zeit nach der »Attraktivitätsgrenze«? Ersteres ist vielleicht unrealistisch, aber Letzteres wäre jeder Frau dringend anzuraten. Denn mit einem Konzept von Weiblichkeit, das allein auf ein hübsches Aussehen, Anmut, jugendlichen Charme und Bewunderungsbereitschaft für den jeweiligen Mann setzt, ist eine Frau im Alter ziemlich allein. Susan Brownmiller, mit ihrem Buch *Gegen unseren Willen. Vergewaltigung und Männerherrschaft* bekannt geworden als eine der führenden Autorinnen der zweiten Frauenbewegung, hat sich 1984 in *Weiblichkeit* mit der beharrlich reaktionären Selbstinszenierung von Frauen befasst. Vieles von dem, was sie schreibt, hat sich auch zwanzig Jahre danach nicht geändert: »Frauen, die sich für das Überleben auf weibliche Strategien verlassen, können wenig tun, um das Verblühen ihrer Schönheit aufzuhalten, während sie mit ansehen müssen, wie die Gunst der Stunde vergeht.... Ein Soziobiologe würde zweifellos argumentieren, dass dieses weibliche Unglück dem Lauf der Dinge entspricht, denn die kulturelle Uhr ist nur ein Spiegel der biologischen Uhr, und der Zeiger wandert über die Jahre der Fortpflanzungsfähigkeit, deren Zeit begrenzt ist.«

Doch die kulturelle Uhr geht falsch, argumentiert Brownmiller: Immer weniger Frauen definierten sich schließlich über

Mutterschaft. Aber da ist genau der Haken, denn auch weit verbreitete Kinderlosigkeit konnte das Bild von attraktiver, also jugendlicher Weiblichkeit bisher nicht ändern. Es gibt einzelne positive Gegenbeispiele: Etwa den amerikanischen Spielfilm *Was das Herz begehrt* der Regisseurin Nancy Meyers. Darin kommt Erika Barry (Diane Keaton) in die missliche Lage, sich in Harry Sandborne (Jack Nicholson), den fünfundsechzigjährigen Hip-Hop-Produzenten und Lover ihrer Tochter, zu verlieben. Der erwidert ihre Zuneigung, obwohl er sonst Fünfundzwanzigjährige bevorzugt. Erika wiederum wird verehrt von dem jungen Arzt Dr. Julian Mercer (Keanu Reeves), der Harry nach einem Herzinfarkt betreut hat. Erika entscheidet sich am Ende für den gleichaltrigen Harry.

Die Reaktionen auf diesen Film sind strikt nach Alter getrennt: Alle meine Freundinnen unter fünfunddreißig, die ihn sahen, waren irgendwie unangenehm berührt. Ich hingegen sah darin eine verlockende Utopie. Um Ziel des Begehrens sowohl eines knackigen jungen Arztes als auch eines ältlichen, beleibten Plattenproduzenten zu werden, muss Erika Barry allerdings eine höchst erfolgreiche Theaterautorin sein – und natürlich so schlank und gut aussehend, wie es die achtundfünfzigjährige Diane Keaton, aber eben nicht jede Achtundfünfzigjährige ist.

Erikas Attraktivität geht vor allem von ihrer Arbeit, von ihrem enormen beruflichen Erfolg aus. Damit dürften die Töchter der Frauenbewegung keine Schwierigkeiten haben, *darauf* sind sie bestens vorbereitet, wenn sie sich denn entschließen können, den Beruf um seiner selbst willen zu mögen, ihn wirklich ernst zu nehmen, wirklich gut darin zu sein und nicht heimlich doch stets auf den Weibchenstatus zu bauen. Doch der Verzicht auf Kinder ist für ein neues Konzept von tragfähiger »Weiblichkeit ohne Verfallsdatum« keineswegs notwendig, er ist nicht einmal förderlich: Mit zunehmendem Lebensalter der Menschen wird es immer absurder, den Status dreißigjähriger Berufsanfängerinnen absolut zu setzen. Eine Sechzigjährige, die attraktiv sein will, muss ein kompletter Mensch sein, mit einem Beruf, mit Kindern, mit Interessen, mit einer Geschichte.

Das Weibchenkonzept, das Susan Brownmiller kritisiert, scheitert nicht daran, dass Frauen die Mutterschaft weglassen – eben weil damit ja nicht automatisch neue Attraktivitätsregeln gelten –, sondern dass es für ein hundertjähriges Leben zu wenig ist. »Die Lebenserwartung nach dem Erlöschen der Fortpflanzungsfähigkeit wird immer größer«, schreibt sie denn auch selbst, »und damit kommt langsam eine Wahrheit ans Licht: Nicht die [älteren] Frauen sind Versagerinnen in Sachen Weiblichkeit, sondern die Weiblichkeit versagt als glaubwürdiges Ziel.«

Die zwei weitergehenden Ziele, über das verfallsgefährdete »Männern gefallen« hinaus, sind nun einmal eigene Kinder und ein eigener Beruf. Beides hat seinen Zweck, beides ist aber auch Altersvorsorge und öffnet damit neue Chancen für einen gewandelten Attraktivitätsbegriff: den der vollständigen, erwachsenen Frau.

Allerdings kann es sein, dass wir unser Leben anders – eben nicht länger in dem strikten Abschichtverfahren – gestalten müssen, wenn wir diese Ziele verwirklichen wollen. Der Demograf James W. Vaupel gehört zu den wenigen in Deutschland, die darauf dringen, für die längere Lebensspanne endlich auch eine andere Zeiteinteilung zu entwerfen. Er kritisiert besonders die viel zu langen Studienzeiten und den viel zu frühen Ruhestand: »Paare haben bis dreißig keine Kinder«, sagt er. »Dann in den Dreißigern und Vierzigern, wenn wir die Kinder und die Kinder uns brauchen, dann arbeiten wir. Und wenn wir fünfundfünfzig und sechzig Jahre alt sind, gehen wir in den Ruhestand und genießen jahrzehntelang unsere Rente. Das heißt, wenn uns unsere Kinder am meisten brauchen, gehen wir arbeiten, während wir viel Freizeit haben, wenn unsere Kinder alt genug sind, für sich selber zu sorgen.« Wenn, so muss man immer hinzufügen, wir uns überhaupt entschlossen haben, Kinder zu bekommen.

Das Leben der hundertjährigen Frau entwirft Vaupel so: »Wenige Deutsche haben jemals darüber nachgedacht, was es für sie persönlich bedeutet, dass sie sehr wahrscheinlich ein langes Leben – bei relativ guter Gesundheit – vor sich haben. Lassen Sie mich diese Frage einmal an einem Beispiel illustrieren: Stellen Sie sich eine junge Frau vor, zwanzig Jahre alt, die an der Universität studiert. Diese Frau wird sehr wahrscheinlich so lange leben, dass sie ihren hundertsten Geburtstag begehen kann. Um die nächsten achtzig Jahre ein erfülltes Leben zu führen, wird sie sich vielleicht mit Musik, Theater und Literatur beschäftigen wollen. Dann wird sie eine Ausbildung machen, wird eine Weile arbeiten, und wenn sie so um die dreißig ist, will sie womöglich Kinder haben. Wenn sie Kinder hat, möchte sie vielleicht noch weiterarbeiten als Teilzeitkraft. Und wenn die Kinder dann groß geworden sind, will sie sich vielleicht weiterbilden, geht noch einmal an die Uni, macht einen Masterabschluss und arbeitet wieder in Vollzeit oder wählt einen neuen Beruf. Insgesamt hat sie ja hundert Jahre Zeit.

Ausbildung, Weiterbildung und Kindererziehung – das mag sie beschäftigen, bis sie siebzig, fünfundsiebzig Jahre alt ist.

Dann arbeitet sie vielleicht, bis sie achtzig ist. Und wenn sie achtzig Jahre alt und im Ruhestand ist, hat sie immer noch zwei Jahrzehnte, in denen sie mit den Kindern, mit den Enkelkindern spielen, Musik genießen kann und so weiter. Sie hat noch zwei Jahrzehnte. Und die Jahre während des Ruhestands wird sie sehr wahrscheinlich bei relativ guter Gesundheit verbringen können.«

Uns bei Laune zu halten, einen Mann zu finden, der bei uns bleibt (oder immer wieder einen neuen), ein Leben allein zu entwerfen, das nicht schrecklich, sondern erfüllt ist – das sind die Entwicklungsaufgaben für die hundertjährige Frau. Ich glaube, dass all dies ohne Kinder schlechter möglich ist als mit ihnen, und dass kluge Frauen die fünfundfünfzig Jahre nach der Fortpflanzungsgrenze ebenso bedenken müssen wie die beruflich und freizeitmäßig wichtigen Jahre zuvor.

Zentral ist außerdem die Partnerwahl: Gelingt es den Frauen, die neue Rationalität des Heiratsmarktes so zu nutzen, dass sie Männer finden, die wirklich gemeinsam und partnerschaftlich die Familienarbeit bewältigen und am beruflichen Wachsen beider arbeiten wollen? Ein derartiges Paarkonzept ist, abgesehen vielleicht von Bill und Hillary Clinton, noch nicht etabliert, und es wird auf breiter Front auch nur gelingen, wenn Frauen nicht länger darauf bestehen, zu einem Mann aufzuschauen. Gleichgerichtetes Konsumentinnenverhalten müsste in dieser Frage eigentlich zu einer Veränderung des Angebots führen. Die Frage ist nur: Wollen das die Frauen? Im eigenen Interesse sollten sie wollen.

Ich bin sehr gespannt, ob es noch einmal gelingen kann, so etwas wie ein kollektives Bewusstsein für die Schlüsselrolle zu schaffen, die Frauen in der demografischen Frage spielen – und für die Bedeutung, welche die dramatische Verlängerung der Lebenserwartung für sie haben muss. Vorsorge ist ein wichtiger Begriff in Deutschland, und Vorsorge lässt sich auf vielerlei Weise treffen: durch eigene Kinder; durch den richtigen Mann, der allerdings vielleicht kein cooler Machoheld ist; durch einen Beruf, der uns wirklich etwas bedeutet; und durch Solidarität. Ein Grund dafür, dass Frauen heute im Beruf noch nicht so erfolgreich sind, wie sie es nach allen Bildungsvoraussetzungen sein könnten, ein Grund dafür, dass das Weibchenbild immer noch gültig ist, liegt auch darin, dass die älteren Frauen den jüngeren nicht trauen können. Für Männer ist sexuelle Eifersucht auf Jüngere kein großes Problem, jedenfalls nicht, wenn sie mächtig und erfolgreich sind. Frauen hingegen sind nach meiner Überzeugung nicht deshalb so schlechte Organisatorinnen von Seilschaften, weil sie lieber »vernetzt« als »hierarchisch« denken – nein, sie dürften einfach wenig Interesse haben, jüngere Konkurrentinnen heranzuziehen, die nur danach trachten, sie sexuell auszustechen. Oder die jedenfalls ihren latenten Schmerz darüber wecken, selbst schon die »Attraktivitätsgrenze« überschritten zu haben.

Damit sich das ändert, müssen Frauen sich zuallererst von der Wahrnehmung befreien, es sei allein die von ihnen verlangte jugendliche Weiblichkeit, die ihr Wesen ausmache. Diese Selbstbefreiung ist das große, uneingelöste Versprechen der Frauenbewegung, das Ziel, das noch ganz und gar nicht erreicht wurde, das Ziel, das für das Jahrhundert der hundertjährigen Frauen errungen werden muss.

Vielleicht kommt eine solche Sichtweise, ein Beispiel für eine solche Geisteshaltung ausgerechnet von einer Frau, die mit der Frauenbewegung nie viel im Sinn hatte, die keine Kinder großzog, die aber eben auch niemandem ein Urteil über so etwas Banales wie ihre »Attraktivität« zugestanden hätte: »Ich bin gänzlich ungeeignet, um über das Thema Alter zu sprechen«, schrieb Marion Gräfin Dönhoff einmal. »Nicht einmal zu meinem eigenen Alter habe ich ein vernünftiges Verhältnis: Wenn ich gelegentlich von irgendeiner alten Dame spreche, vergesse ich vollkommen, dass ich in die gleiche Kategorie gehöre.« Und weil sie es vergaß, gehört sie auch nicht hinein.

# LITERATURHINWEISE

## STUDIEN UND AUFSÄTZE

Hans Bertram: Demografische Entwicklung, regionale Disparitäten und Bildungschancen, Vortrag für die Konferenz der Kultusminister der Bundesländer, Darmstadt, 9. Oktober 2003.

Hans Bertram: Nachhaltige Familienpolitik. Zukunftssicherung durch einen Dreiklang von Zeitpolitik, finanzieller Transferpolitik und Infrastrukturpolitik. Gutachten im Auftrag des BM FSJ, Mai 2005.

Hans-Peter Blossfeld/Andreas Timm: Der Einfluss des Bildungssystems auf den Heiratsmarkt. Eine Längsschnittanalyse der Wahl des ersten Ehepartners im Lebenslauf, in: *Kölner Zeitschrift für Soziologie und Sozialpsychologie*, Jg. 49, Heft 3, 1997, S. 440–476.

Jürgen Dorbritz: Polarisierung versus Vielfalt, Lebensformen und Kinderlosigkeit in Deutschland – eine Auswertung des Mikrozensus, Vortrag 2004.

Birgit Geissler/Mechthild Oechsle: Die Modernisierung weiblicher Lebenslagen, in: *Aus Politik und Zeitgeschichte,* Beilage zum *Parlament* Nr. 31–32, 28. 7. 2000, S. 1 ff.

Karsten Hank/Michaela Kreyenfeld: A Multilevel Analysis of Child Care and Women's Fertility Decisions in Western Germany, in: Journal of Marriage and Family 65, August 2003, S. 584–596.

Johannes Huinink: Family formation of the Low Educated in Germany, Vortrag auf der Euro Conference on the Causes and Consequences of Low Education in Contemporary Europe, 18.–23. September 2004.

Institut für Demoskopie Allensbach: Das subjektive Zeitfenster für

Elternschaft, Studie im Auftrag des Bundesministeriums für Familie, Senioren, Frauen und Jugend, April 2005.

Thomas Kühn: Berufsbiografie und Familiengründung, VS Verlag (ehemals Westdeutscher Verlag) 2004.

ders.: Die Bedeutung von Familiengründung für die Biografiegestaltung junger Männer, Entwurf für das Sonderheft 1/2004 der *Zeitschrift für Familienforschung*, herausgegeben von Angelika Tölke und Karsten Hantz.

Uta Meier: Warum Frauen und Männer (keine) Kinder haben wollen, Vortrag auf der interdisziplinären Jahrestagung der Deutschen Liga für das Kind, 6.–7. Dezember 2002.

Hans-Werner Sinn: Das demografische Defizit, in: *ifo-Schnelldienst* 5/2003.

Angelika Tölke: Männer und Familiengründung, im *DJI Bulletin* 69, München, Winter 2004.

James W. Vaupel, Max-Planck-Institut für demografische Forschung (Rostock): Vortrag auf der Klausurtagung der SPD-Bundestagsfraktion, 3. September 2004.

Heike Wirth/Kerstin Dümmler: Zunehmende Tendenz zu späteren Geburten und Kinderlosigkeit bei Akademikerinnen, in: *Informationsdienst Soziale Indikatoren*, Mannheim, Nr. 32, Juli 2004.

## WEITERFÜHRENDE LITERATUR

Cheryl Benard/Edit Schlaffer: Laßt endlich die Männer in Ruhe. Rowohlt, Reinbek 1990.

Barbara Bierach: Das dämliche Geschlecht. Piper, München 2004.

Herwig Birg: Die demografische Zeitenwende. Becksche Reihe, München 2001.

Susan Brownmiller: Weiblichkeit. Fischer Taschenbuch, Frankfurt a. M. 1990.

Christine Carl: Leben ohne Kinder. Rororo, Reinbek 2002.

Norbert Elias: Über die Einsamkeit der Sterbenden. Edition Suhrkamp, Frankfurt a. M. 1982.

Margret Karsch: Feminismus für Eilige. Aufbau Taschenbuch, Berlin 2004.
Katja Kullmann: Generation Ally. Fischer Taschenbuch, Frankfurt a. M. 2003.
Eleanor E. Maccoby: Psychologie der Geschlechter. Klett-Cotta, Stuttgart 2000.
Uta Meier et al.: Steckbriefe von Armut. Westdeutscher Verlag, Wiesbaden 2003.
Paul Nolte: Generation Reform. Becksche Reihe, München 2004.
Judith Rich Harris: Ist Erziehung sinnlos? Rowohlt, Reinbek 2000.
Jan Roß: Die neuen Staatsfeinde. Alexander Fest Verlag, Berlin 1998.
Frank Schirrmacher: Das Methusalem-Komplott. Karl Blessing Verlag, München 2004.
Renate Schmidt: S.O.S. Familie. Rowohlt Berlin, Berlin 2002.
Dietrich Schwanitz: Männer. Eichborn, Frankfurt a. M. 2001.

ROMANE

Margaret Drabble: The Peppered Moth. Penguin Books, London 2000.
Helen Fielding: Schokolade zum Frühstück. Das Tagebuch der Bridget Jones. Goldmann, München 1997.
Marianne Fredriksson: Hannas Töchter. Fischer Taschenbuch, Frankfurt a. M. 1999.
Ildikó von Kürthy: Freizeichen. Wunderlich, Reinbek 2003.
Andreas Laudert: Die Unentschiedenen. Merlin, Gifkendorf 2000.
Thomas Meinecke: Tomboy. Suhrkamp Taschenbuch, Frankfurt a. M. 2000.
Tom Wolfe: Fegefeuer der Eitelkeiten. Kindler, München 1988.

# PERSONENREGISTER

# SACHREGISTER